U0523555

傅

对自己要约，对别人要恕
对物质要俭，对神明要敬

解读《论语》

傅佩荣 著

·修订版·

人民东方出版传媒
东方出版社

作者寄语

傅佩荣教授音频导读

  我的经典解读系列图书中，第一本就是《论语》。

  1997年9月我应邀到荷兰莱顿大学担任客座教授，开设"欧洲汉学讲座"，讲解《论语》。此前十余年我一直在台湾大学哲学系教书，哲学系重义理，而不重训诂或考据。但是欧洲汉学系的学生没有国学基础，必须从字词讲起。

  于是我认真研读了程树德编著的《论语集释》与日本汉学家竹添光鸿编著的《论语会笺》。这两本书吸纳及讨论历代学者有关《论语》的著作达二百多种。以此为基础，我才有可能给出合理的诠释。我的诠释原则有二：一是经典本身相互印证，求其圆融贯通；二是经典与实践配合，以经典指导现在的生活，看看能否产生实效。

  讲解《论语》的书出版之后，大众的反响十分热烈，同学们还主动成立了读书会，希望我继续讲解其他的古代经典。就在这种氛围中，我陆续讲解了《庄子》《老子》《孟子》《易经》，直到《大学》与《中庸》。

  孔子说："温故而知新，可以为师矣。"我们年龄渐长，身份也从学生变成老师，从晚辈变成长辈，这种成长的最佳体验即是这句话。

傅佩荣

2012年4月

修订新版序

二十四年前,开始为《论语》做解读,主要是为了教学之用。先后看了大约四百家注解,众说纷纭是难免的。但是,在上课时对原文的一字一句,还是要有明确的界说。我的方法是把握重点、还原系统。

所谓重点,就是能让人感动的部分。拜读《论语》多少遍,已经无从计算了。哪些篇章能感动我呢?以下特别列出四句话。

第一句,在《论语·宪问》中,子曰:"莫我知也夫!"孔子感叹没有人了解他!在孔子心中,连他耳提面命的弟子都无法了解他。这是怎么回事呢?《论语》里面,大多数对话简单而不神秘,那么是弟子们忽略了什么细节吗?孔子这句感叹,不仅让人震撼,也使人对历代各家注解心存疑虑。这些注解者也许阐明了某些章句,但真的了解孔子的一贯之道吗?

第二句,在《论语·阳货》中,子曰:"子生三年,然后免于父母之怀。"孔子在回答宰予提问三年之丧时,最后说了这十二个字。我对这十二个字,数十年萦怀于心,原来孔子对人性的观察是从婴儿期开始,然后兼顾人的发展与结构,涵盖人的生理、心理与伦理。是的,若非如此,怎能了解人性是怎么回事?又怎能论断人生应该怎么过?

第三句,在《论语·公冶长》中,子曰:"老者安之,朋友信之,少者怀之。"这里又有十二个字。孔子的志向太大了,在人类历史上不曾有人实现过。志向可以显示一个人奋斗的目标与方向,但如果没有实现的可能性，何必说出来让人困惑呢？

第四句，在《论语·为政》中，子曰"吾十有五而志于学"这段话。这是孔子自述生平的三十八个字，算是他的自传了。我们何曾念过这样的自传？其中完全不提他在政治、教育、文化上的成就，只是点出他一生六个阶段，修养及成长的历程。其中特别引人注意的是两句：一是"五十而知天命"，孔子在半百之年终于得知天命，既然天有所命，则人的一生方向在此；第二，"七十而从心所欲不逾矩"，我由此明白，孔子对上要回应天命的要求，对下要修练心志，做到不逾矩才可从心所欲，得到大解脱与大自在。那么，天命与人心的关系是什么？

经过如此层层感动，才会有经年累月的苦思冥想与亦步亦趋的实践心得。接着要做的是还原孔子的思想系统，也即是我多年以来口诵心惟的人性向善论。相关论述已经写成《孔子的人性向善论》，收于《人性向善论发微》。

回到《论语》文本，这一次发行的修订新版，所根据的是我过去二十余年教学与思考的心得，修改之处不多，但都十分紧要。譬如，像《述而》与《子罕》，其中有两章共提到七件事，结语都是"何有于我哉？"请问，孔子在说什么？是这七件事很难吗？很容易吗？答案都不是。孔子是在表明"安于当下"的心境，就是他当时做到了这些事，然后世间其他的事，像有人得君行道，有人升官发财，有人含冤受难，有人失意潦倒，等等，世间之事自古即是如此，谁又能改变什么？孔子该做的是手边的工作，尽心尽力做好这些，其他的事与我有何关系？乍听之下会觉得有些消极，好像不太关心别人。但是，如果你了解孔子的志向之高远，再想想这句话之落实，你不会觉得他显示了收放自如、游刃有余的生命境界吗？

傅佩荣于 2023 年 3 月吉

目 录

前　言　《论语》的普世价值正在发出耀眼的光芒　9
导读一　阅读《论语》的简单而有效的方法　11
导读二　解读说明有关本书的几点特殊意见　13
导读三　孔子小传　17
导读四　《论语》源流　19

学而篇　第一　21
为政篇　第二　35
八佾篇　第三　52
里仁篇　第四　71
公冶长篇　第五　87
雍也篇　第六　107
述而篇　第七　126

泰伯篇 第八	*150*
子罕篇 第九	*163*
乡党篇 第十	*182*
先进篇 第十一	*196*
颜渊篇 第十二	*213*
子路篇 第十三	*230*
宪问篇 第十四	*249*
卫灵公篇 第十五	*275*
季氏篇 第十六	*296*
阳货篇 第十七	*306*
微子篇 第十八	*323*
子张篇 第十九	*331*
尧曰篇 第二十	*344*

前言

《论语》的普世价值正在发出耀眼的光芒

"何去何从"一直是人类面临的一个难题。瞻望未来,似乎看不到光明的前景。比较稳妥的办法,还是回溯历史,从丰富的传统资源中汲取灵感,融入现代人生活的处境,由此激发创新的能力与坚定的信念。

主意打定之后,该从何处入手?换个方式来问,有没有一本书的内容可以满足大多数人的根本愿望?《论语》是我们首先想到的一本书。不过,中国人的这种选择,能得到外国人的支持吗?1982年,诺贝尔奖得主们在巴黎的例行聚会中,谈到21世纪人类需要什么思想时,几经斟酌之后的答案不是别的,正是孔子的思想。

孔子的思想能够跨越时空局限,突破语言、种族与宗教的藩篱,得到有识之士的一致推崇,主要是因为其中包含了几项因素,如温和的理性主义,肯定人类可以通过教育与学习而施展潜能;如深刻的人道情怀,强调人我互重,"己所不欲,勿施于人";如乐观的人生理想,相信德行修养是人人可以达成的目标,并且因而可以活得快乐而有意义。以孔子的思想为立足点,人类既不会毫无抵抗地随顺俗化与物化的浪潮,也不会因为宗教信仰的差异而形成尖锐的对立与冲突。

《论语》所蕴藏的普世价值正在发出耀眼的光芒。不仅如此,对于当前大家迫切需要而又束手无策的"生命教育"课题,《论语》

也提供了一个简明扼要而完整生动的架构。孔子以身教的方式，见证了生命的主体性与主动性。任何人只要真诚，就将觉察内在的力量在敦促自己朝向完美人格的目标前进。有了这个目标，人可以化解现实的困境与压力，常保心中的喜悦。人生由平面的生老病死，转化为立体的日进于德，在价值的层级上攀升，并且可以和信仰的终极关怀相衔接。《论语》不但教会人珍惜生命，还激发出人奋斗的意志。

现在的问题是：我们如何阅读一本两千五百年前的言行记录呢？

原文是文言文，典雅有余但却不够通俗。即使背诵了孔子的言论，也未必知道他的真正用意，更谈不上付诸实践了。我们需要的《论语》版本，除了原文之外，必须附有通俗易懂的白话文，如果还能对重要观念加以解读，使零散的章句形成完整的系统，那就更为可取了。

本书正是笔者累积二十年研究心得所做的尝试。原来以为这项工作并不困难，着手之后才发现要花许多工夫，并且好像永远无法臻于完善。孔子说："当仁，不让于师。"走在人生正途上，遇到值得努力的工作，就须全力以赴。

导读一

阅读《论语》的简单而有效的方法

《论语》的读法,和其他古代经典并无不同,首先要厘清原文"究竟"在说什么。由于历代学者的研究,《论语》每一句都呈现出多姿多彩的面貌,形成难以跨越的障碍。文句中争议较少的,都是较为浮泛的观点;像"仁、道、义、德"等关键概念,则找不到明确的解法;至于"天、命、鬼神、生死"等观念,更令人无从捉摸。

于是,我们要青少年死记硬背,要成年人懂多少算多少,然后就希望《论语》发挥神效,帮助大家安身立命,促使社会安和乐利。这种希望并非奢望,但是方法则有待改善。笔者研究儒家思想超过二十年,相关著作已有十二种之多。最近几年更是全心致力于《论语》的解读,写成眼前这本书,目标正是要为现代人提供一个简单而有效的阅读方法。本书有以下几点特色:

一、在《论语》每章原文之后,有白话与解读。白话不仅求其与原文一一对应,并且还要流畅通顺,使读者不再受困于原文;

二、白话部分取代了一般《论语》读本的注释,适合现代人的阅读习惯。我这样做的理由与信心,已经在本书"前言"中加以说明;

三、解读部分是本书用心所在,专门就《论语》中构成孔子思想系统的重要观念,做必要的引申、联想、发挥与省思,希望呈现孔子"一以贯之"的哲学体系。

阅读《论语》，是一件愉快的事，自由沉潜其中，以孔子为师，与孔子为友，更是平生乐事，因为认识孔子是认识一个传统的开始，也是正确实现人生理想的第一步。

导读二

解读说明有关本书的几点特殊意见

本书所谓的解读，是详细研读各家资料，再从其中拣择分辨，求其正确合理的解法。没有前辈的努力作为基础，我不可能有信心从事这项工作。若不是经过二十年的钻研，我也不敢期待读者相信我的判断。为《论语》做白话翻译，是不太可能有创见的，因为任何一句话都可以找到前人的译文作为依据。我把这些依据的来源都省略了，否则本书至少要增加一倍的篇幅。即使如此，某些较为特殊的章句仍然应该在此稍作说明。这些章句分为两类。

一、更改原文字句者。由于《论语》几经传抄，字句难免有些出入。历代学者虽然言之凿凿，还是不敢稍作改动。本书依此而更改的字句有：

1."未若贫而乐〔道〕，富而好礼者也"［1.15］，此处加上"道"字；

2."六十而〔耳〕顺"［2.4］，此处去掉"耳"字。这里涉及的问题较为复杂，请参考稍后的说明；

3."〔启〕斯之未能信"［5.5］，此处把"吾"改为"启"，启是漆雕开的原名，为学生对老师说话时的自称；

4."〔谲〕曰：祷尔于上下神祇"［7.35］，此处把"诔"改为"谲"，因为"诔"为对死者的祝祷，"谲"为对生者的祝祷；

5."〔必〕祭，必齐如也"［10.11］，此处把"瓜"改为"必"；

6."不患〔贫〕而患不均,不患〔寡〕而患不安"〔16.1〕。此处把"贫"与"寡"二字对调;

7."诚不以富,亦只以异"〔16.12〕,此句由〔12.10〕移到这里;

8."患〔不〕得之"〔17.15〕,此处加上"不"字。

其他还有一些应该更改但无绝对把握的,就维持原文了,如"五十以学〔易〕"〔7.17〕,"三〔嗅〕而作"〔10.27〕,"曰〔仁〕人也"〔14.9〕等。

二、界定原文含义者。本书虽然博采众说,仍有少数特别的译法需要稍加说明,如:

1."无友不如己者"〔1.8〕。意思是:不与志趣不相似的人来往。如果解为不与"不如自己"的人交往,试问实际中如何分辨又如何进行?"三人行,必有我师焉",何况是交友?

2."因不失其亲"〔1.13〕。"因"与"恩"通,"亲"与"爱"通,本句意为:施恩于人而不失去原有的爱心。如此,则全文三句话可以完全对应;

3."思无邪"〔2.2〕。这是孔子谈《诗》时引用的一句话,原文是描述马向前直行的样子。"思"是语首助词,无意义。"无邪"则是指直而不曲,意思是《诗经》三百篇"全都出于真情"。孔子所揭示的"仁",就是要人通过真诚的自觉,进而感通人我关系,体认"人性向善"的自发力量。由"真"到"善",是孔子立论的枢纽。此处论《诗》,有其深意;

4."六十而〔耳〕顺"〔2.4〕。这是孔子自述生平的一个阶段,另外五个阶段都用单一动词描述,如"学、立、不惑、知、不逾",似乎不宜在此多出一个"耳"字。并且其他各阶段都有《论语》的资料可以印证,唯独"耳顺"令人费解。另外,孔子说君子"知天命"之后,就会"畏天命",畏天命的表现不是"顺天命"吗?否则他在六十岁前后为何要周游列国?在别人看来是"天将以夫子为木铎",同时又是"知其不可而为之";并且两次面临杀身之祸时,他都毫不迟疑地诉之于"天"。此外,敦煌石经的版本是"六十如顺",没有"耳"字。当代学者主张"耳"为衍文者,考据学者有陈铁凡、于省吾、程石泉,思想界则有冯友兰、沈有鼎、唐君毅等。反观历代对"耳顺"的批注,则无不牵强。有关"束脩"与"耳顺"的详细讨论,可参考笔者《儒家哲学新论》(中华书局);

5. "攻乎异端,斯害也已" [2.16]。意思是:批判不同的学说,难免会造成争论不休的祸害。孔子主张"道不同,不相为谋",何必互相批判?

6. "吾不与祭如不祭" [3.12]。这句话"祭如不祭"连读,否则不易呼应"祭如在,祭神如神在"。先说受祭者(鬼神)之如在,再看祭祀者之如不祭,就知道孔子为何不赞成了;

7. "可也简" [6.2]。"可"是子桑伯子的名字,而不是"可以"。否则仲弓随后的评论是针对子桑伯子其人(简),还是针对孔子的判断(可)呢?显然是针对"简";

8. "自行束脩以上,吾未尝无诲焉" [7.7]。"自行束脩以上"是指"十五岁以上的人",理由是:①古人说"自……以上"皆指"(几岁)以上的人",如《周礼·秋官司寇》的"自生齿(一岁)以上,皆书于版";②"行束脩"指古代男子十五岁入大学所行的礼。束脩原指干肉,后来用以代指十五岁的男子,东汉郑玄尚知此说,见《后汉书·延笃传》的李贤注所引;③《论语》中并无孔子收学费或束脩的记载,但是却提及"童子见","有鄙夫问于我"以及"孺悲欲见孔子,孔子辞以疾",可见孔子所在乎的只是如何有效教导别人而不是学费;

9. "克己复礼为仁" [12.1]。意思是:能够自己做主去实践礼的要求,就是人生正途。以"人生正途"解说"仁",是贯穿本书的基本观点。孔子的"仁"揭示了人性的真相,亦即人性在人生的动态过程中不断展现其力量,使人由真诚而自觉其"向善"。顺此力量前进,走上人生正途后,则须"择善固执"(《中庸》以此为"人之道",确有所本)。至于人生的最高境界,则是"止于至善"了。一个"仁"字彰显了人之性(向善),人之道(择善),人之成(至善)。不仅如此,"仁"字"从人从二",不离人我相与的关系,而"善"的定义则是"人与人之间适当关系之实现"。

以上有关"仁"的解读,在本书中一再出现,合而观之,自成系统。另外,还有比较深奥的"天""天命""命运"等。读者若能在相关语句的解读部分稍加留意,就可以获得完整而连贯的见解。能为《论语》解读并贡献自己的心得,实为平生幸事,还望高明君子不吝赐正。

导读三

孔子小传

孔子，名丘，字仲尼，生于周灵王二十一年（亦即鲁襄公二十二年），时为公元前 551 年。当时为东周春秋时代后期，诸侯各自为政，礼坏乐崩日趋严重。孔子祖先为宋国人（殷朝后代），后迁于鲁国定居，他生于鲁国鄹邑（今山东曲阜市附近的尼山）。孔子三岁时，父亲叔梁纥去世。他由母亲颜征在抚养长大，接受一般的乡村教育（包括文化常识与基本战技），至十五岁告一段落，再自己立志学习，终于以博学知礼而闻名。

孔子十七岁时，母亲过世。二十岁时娶亓官氏（宋国人）为妻，翌年生子孔鲤（字伯鱼）。他做过的职业包括委吏（管理仓库）、乘田（管理牲畜）与助丧（承办丧事）等。三十岁前后就有学生求教并追随他，形成一个独特的师生团体，以讲学修德与治国利民为其目标。孔子学不厌而教不倦，学问与见识渐成系统，四十岁已可"不惑"。五十岁"知天命"，即明白自己的神圣使命何在。鲁定公九年（公元前 501 年）孔子五十一岁，开始正式从政，为鲁国中都宰（县长）。五十二岁，升任小司空（工程部门副长官），不久又升任司寇（司法部门长官），位列大夫，政绩卓越。五十三岁，更以司寇之职行摄相事，协助季氏处理国政。五十四岁，主张"堕三都"，想拆除郈、费、成三邑的城堡，以维护鲁国的统一与安定，可惜最后失败了。孔子五十五岁时，齐国送给鲁国能歌善舞的女子，执政的季桓子与鲁定公终日沉溺女色，不思国政。不久，鲁国举行郊祭，又未依规定送祭肉给孔子。孔子于是决定去职离乡，周游列国，遍历卫、曹、宋、郑、陈、蔡各国。他信心坚定，理想远大，犹如推行教化的"天之木铎"，在别人眼中则是"知其不可而为之"，这正是"六十而顺（顺天命）"的阶段。孔子两次（在匡，在宋）面临生命危险，都将自己的命运直接诉之于"天"。

鲁哀公十一年（公元前484年），孔子六十八岁时，鲁国由季康子执政，正式召请孔子回国，孔子于是结束长达十四年的颠沛流离的周游教化。孔子七十岁时，儿子孔鲤去世；七十一岁时，学生颜回去世；同一年（公元前481年）鲁君西狩获麟，孔子《春秋》绝笔；七十二岁时，学生子路去世。公元前479年，时为周敬王四十一年，鲁哀公十六年，孔子辞世，享年七十三岁。许多弟子为他守丧三年，子贡更再守墓三年。后来，孔墓附近筑室为家的多达百余户，形成聚落，名为孔里。

综观孔子生平，并无惊天动地的大事业，但是却以身教与言教塑造了人的典型与典型的人。所谓"行而世为天下法，言而世为天下则"，所谓"匹夫而为百世师""微斯人，吾谁与归！"

导读四

《论语》源流

《论语》是孔子及其学生的言行记录。当时的学生各有所记,在此基础上整理编辑而成。秦始皇焚书之后,原始版本已不可考,流传于世的有鲁人的《鲁论》、齐人的《齐论》以及得自孔子旧宅夹墙中的《古论》。三论内容互有出入,汉代张禹综合前二者编定的版本得以通行,郑玄包含各家之注的版本最受重视。魏朝何晏博采众说,撰《论语集解》,再经梁朝皇侃为之《义疏》以及宋朝邢昺为之《疏》。现在足以代表汉魏时期研究心得的即为此一注疏版。南宋朱熹撰《论语集注》,综合历代学者的见解,并将自己的哲学理念贯穿其中,为元明以来科举取士之版本,几乎为人人必读之书。及至清代,学风偏重考据,学者研究成果以刘宝楠所撰《论语正义》为代表。民国以来,程树德所撰《论语集释》参考历代四百多家解读,写成二百万言,堪称最为完备。可惜一般读者对此不免望洋兴叹。稍后,既有学术依据又有白话解说的,则是杨伯峻的《论语译注》与钱穆的《论语新解》。本书作者二十年来研读上述各书并参酌《论语会笺》(竹添光鸿所撰,综合日本学者的心得)以及几种英译本(如理雅各、辜鸿铭、刘殿爵所译者),然后才敢鼓起勇气为之译解,希望能以清晰流利的译文与完整连贯的系统,呈现《论语》的永恒意蕴,为读者提供一部较为理想的《论语》读本。

学而　第一

[1.1]

　　子曰："学而时习之，不亦说（yuè）乎？有朋自远方来，不亦乐乎？人不知而不愠，不亦君子乎？"

[白话]

　　孔子说："学了做人处事的道理，并在适当的时候去实践，不也觉得高兴吗？志趣相近的朋友从远方来聚会，不也感到快乐吗？别人不了解你，而你并不生气，不也是君子的风度吗？"

[解读]

① 子："子"原是周朝封建贵族（公、侯、伯、子、男）中的一等，后来演变为对老师与长者的尊称，进而可用在对话中互相称呼。依顾炎武《日知录》，"春秋自僖文之后，执政之卿始称子，其后匹夫为学者所宗，亦得称子。"所谓"僖文之后"是指鲁僖公（公元前659—前626年在位）与鲁文公（公元前626—前608年在位）二君之时代以来。《论语》中出现的"子曰"，专指孔子所说的话，译文直接写成"孔子说"。

② 本文有三层意思，先谈自己要学与习（实践），其次讲朋友互相呼应，最后说学习有成而未受重视时，要坦然自处。由第一

句可知学与习不同，学是由老师与书本可得者，习是自己去实践及印证。并且，"时"在《论语》中 11 见，其意为适当时机或季节，无作"时常"之意旨。

③ 学：学的目标总体而言是做人处事的道理。就学的内容而言，包括当时的知识（五经：诗、书、礼、乐、易）与技能（六艺：礼、乐、射、御、书、数），通过这种学习成为有用的人才。就学的方法而言，要配合思（主体的反省与理解），以求温故知新，活学活用。就学的目的而言，则是要增益德行，成为君子。相关资料：[2.15]、[6.3]、[15.31]。

④ 君子：在古代原指政治权贵（如天子、诸侯、卿大夫）的子弟，或指有官位者。孔子保留了这种用法，同时更强调以"君子"代表学行兼备的有德之人。因此之故，君子成为儒家的人格典型，指有理想、有原则，不断进德修业，追求至圣境界的人。在《论语》中，"君子"一词 107 见，是孔子的施教重点。

[1.2]

有子曰："其为人也孝弟（tì），而好（hào）犯上者，鲜（xiǎn）矣；不好犯上，而好作乱者，未之有也。君子务本，本立而道生。孝弟也者，其为仁之本与！"

[白话]

有子说："一个人能做到孝顺父母与尊敬兄长，却喜欢冒犯上司，那是很少有的；不喜欢冒犯上司，却喜欢造反作乱，那是不曾有过的。君子要在根基上努力，根基稳固了，人生正途就会随之展现开来。孝顺父母与尊敬兄长，就是一个人做人的根基啊！"

[解读]

① 有子:有若,字子有,鲁国人,小孔子三十三岁。《论语》中,孔子的学生只有四人被尊称为"子",即有子、曾子、闵子、冉子;原因也许是《论语》的编辑群出自他们的门下。学生按规矩,尊称其师为"子",其他孔门弟子则直记其名,因此曾参称"曾子",而其父曾皙则直记其名[11.26]。

② 道:人所走的路,在此是指人生正途,可以引申为人生理想、事物法则、社会正义、宇宙规律等。凡是描写一种状况"应该如何"的,就是在肯定它的"道"是什么。

③ 为仁:古代"仁"与"人"可以通用。"为人"以孝悌为本,并且由此引出人生正途的道,可以呼应第一句的内容,亦即不会犯上与作乱。如果最后一句所谈的是"为仁",则仁与孝悌的关系将成为复杂的问题,而第一句的意思也就落空了。或者,我们可以说孝悌是人类真情的第一步与最直接的表现,因而是行仁的出发点。不过,出发点与"本"毕竟不完全等同。

④ 阅读《论语》,对于各章的重要性可分为四个层次来理解。最重要的是孔子本人之言,其次是孔子与一流学生的对话,然后是孔子与一般学生的问答,最后是学生自己发表的心得。所谓一流学生,可参考[11.3]之说明。

[1.3]

子曰:"巧言令色,鲜矣仁!"

[白话]

孔子说:"说话美妙动听,表情讨好热络,这种人是很少有真诚心意的。"

[解读]

① 《论语》中,论"仁"的有58章,超过全书十分之一;"仁"字109见,代表孔子的一贯之道,意义深刻自不待言。在此,先简要做个说明。仁字有三义:人之性,人之道,人之成。以"仁"来彰显"人"的整个生命历程,就是要期许人从潜能走向实现,再抵达完美。人之性是"向善",人之道是"择善",人之成是"至善"。向善须在真诚中,才能自觉。择善要靠智慧与勇气,因此学生们多次向孔子请教什么是"仁"。至善则须"死而后已",所以孔子从不称许同一时代的人为"仁",对自己也不例外。(可参考[7.34])

② 这里所批评的"巧言令色",是从缺乏真诚心意的角度说的。言与色表现在外,常会忽视内心的真诚。少了真诚,无法自觉其向善的要求,当然谈不上进一步择善而行了。有关"仁"字的完整诠释,还须配合相关各章的解读,如[3.3]、[4.2]、[17.21]等。本章在[17.17]再次出现。

[1.4]

曾子曰:"吾日三省(xǐng)吾身:为人谋而不忠乎?与朋友交而不信乎?传不习乎?"

[白话]

曾子说:"我每天好几次这样省察自己:为别人办事,没有尽心尽力吗?与朋友来往,没有信守承诺吗?传授学生道理,没有认真实践吗?"

[解读]

① 曾子：曾参，字子舆，鲁国人，小孔子四十六岁。《论语》之编辑群应有曾参弟子，因此本书述及曾参皆称"曾子"。
② 三省：古人常以"三"代表多数，因此这里所讲的不是三次，也不是接着所列的三件事。事实上，曾子一生"战战兢兢"，从爱惜身体到修养品德，所省察的自然不止这三件事。
③ 为人谋：这三句话先是谈到别人（应指上司），接着谈到朋友，然后及于学生。在"人与人之间"尽力扮演好自己的每一个角色，这正是走在人生正途上，向着至善前进。曾子之三省皆由"不"来考察自己的缺点，正是"反省"的示范。

[1.5]

子曰："道（dǎo）千乘（shèng）之国，敬事而信，节用而爱人，使民以时。"

[白话]

孔子说："治理诸侯之国，要尽忠职守与令出必行，节省支出而爱护众人，选择适当的时候征用百姓服劳役。"

[解读]

① 道：在此作动词用，为治理之意。
② 千乘：乘为计算兵车的单位，每乘四匹马。古代天子（帝王）拥有天下，号称万乘之君；诸侯国则为千乘之国。春秋时代，诸侯各自为政，所以孔子以治理千乘之国为例。
③ 敬事：这三项原则由核心向外推展。先自我要求，敬事所以立信，再兼顾节用与爱人两个方面，然后还须多为百姓设想。

[1.6]

子曰:"弟子入则孝,出则弟,谨而信,泛爱众而亲仁。行有余力,则以学文。"

[白话]

孔子说:"青少年在家要孝顺父母,出外要敬重兄长,行为谨慎而说话信实,普遍关怀别人并且亲近有善行芳表的人。认真做好这些事,再去努力学习书本上的知识。"

[解读]

① 弟子:指后生晚辈,今天称为学生或青少年。《弟子规》即由此章推衍而成。
② 仁:凡是行为合乎"人之道"的,都可以泛称为仁,亦即今日所说有善行芳表的人。任何社会都有这样的善人,值得我们敬佩与学习。不过,由于"人之道"永远指向至善的境界,所以孔子很少明确指出谁是仁者。
③ 文:学文列在最后,表示青少年应该先学会良好的行为规范,懂得做人的基本道理,而不可本末倒置,以为读书就是一切。

[1.7]

子夏曰:"贤贤易色;事父母,能竭其力;事君,能致其身;与朋友交,言而有信。虽曰未学,吾必谓之学矣。"

[白话]

子夏说:"对待妻子,重视品德而轻忽容貌;事奉父母,能够尽心竭力;为君上服务,能够奋不顾身;与朋友交往,答应的事就守信用。这样的人,即使他说自己没有学习过,我也一定说他是学习过了。"

[解读]

① 子夏:卜商,字子夏,卫国人,小孔子四十四岁,是列名于文学科的学生。参考[11.3]。孔子过世之后,学生分为八派,各自开班授徒,其中子夏为较有成就者,他的言论大多收在《子张》篇。
② 贤贤易色:指夫妻相处的原则,理由是接下来所谈三事都是人与人相处之道。至于将它列在首位,可能是因为古人认为"君子之道,造端乎夫妇,及其至也,察乎天地"(《中庸》第十二章)。有夫妇然后有父子,有父子然后有君臣等。
③ 事君:古代拥有属地者皆可称为"君",如天子、诸侯、卿大夫。为君所用,就须事君。在今天相当于为自己服务的机构或老板工作,但是彼此之间的关系不像古代那么稳定。

[1.8]

子曰:"君子不重则不威,学则不固。主忠信,无友不如己者。过则勿惮改。"

[白话]

孔子说:"君子言行不庄重就没有威严,多方学习就不会流于固陋。以忠信为做人处事的原则,不与志趣不相似的人交往。有了过错,不怕去改正。"

[解读]

① 君子：前面提过君子可以指有官位者或有品德者，这里则是指立志成为有品德者的人。《论语》中的名词，在一定范围内有些弹性。譬如，"君子"常常指"立志成为君子的人"。

② 学则不固：博学多闻就不会顽固而不知变通。孔子教学的目的之一，是希望学生以灵活的智慧来面对人生的挑战。

③ 无友不如己者："如"在此是"相似"的意思，不能解释成"比较"。前面先说"主忠信"，因此所谓相似自然是以忠信为共同目标，然后可以在正当的志趣上互相勉励。此语若解为"不与不如己者为友"，则较我为优者又为何要与我为友？本章亦见于 [9.25]。

[1.9]

曾子曰："慎终追远，民德归厚矣。"

[白话]

曾子说："丧礼能慎重，祭祀能虔诚，社会风气就会趋于淳厚了。"

[解读]

① 慎终："终"是指生命结束。人有生必有死，以哀戚之心谨慎举行丧礼，才能表达对死者的尊敬与怀念，也才能使生者珍惜生命并且努力修德行善。

② 追远："远"是指离我们较远的祖先。定期举行祭祀，提醒我们饮水思源，心存感恩，然后做人处事也就比较宽厚仁慈了。

③ 民德：社会风气。"德"可以指言行表现、特定作风，也可以

指道德上的修养与善行。《论语》使用"民"字，泛指百姓、庶人或被统治阶级。

[1.10]

子禽问于子贡曰："夫子至于是邦也，必闻其政。求之与(yú)？抑与之与？"子贡曰："夫子温、良、恭、俭、让以得之。夫子之求之也，其诸异乎人之求之与！"

[白话]

子禽请教子贡说："老师每到一个国家，一定会听到该国政治的详细资料。这是他自己去找的，还是别人主动给他的？"子贡说："老师为人温和、善良、恭敬、自制、谦退，靠着这样才得到的机会。老师获得的方法与别人获得的方法，还是大不相同的。"

[解读]

① 子禽：陈亢，字子禽，陈国人，小孔子四十岁。
② 子贡：端木赐，字子贡，卫国人，小孔子三十一岁。列名于"言语科"[11.3]。
③ 必闻其政：春秋时代，表面上仍是周朝天下，其实诸侯各自为政。孔子周游列国，倡言政治理想，也参与讨论各国政事。这些国家包括：鲁（孔子自己的国家）、齐、卫、宋、郑、曹、陈、楚、杞、莒等。
④ 温、良、恭、俭、让：这五点特征是子贡的观察。修养到这种境界，好像没有什么个性了。其实不然，因为这五点是孔子在与各国君臣交往时的态度，个性不必在此表现。

[1.11]

子曰:"父在观其志,父没(mò)观其行,三年无改于父之道,可谓孝矣。"

[白话]

孔子说:"观察一个人,要看他在父亲活着的时候选择什么志向,在父亲过世以后表现什么行为。如果他能三年不改变父亲做人处事的作风,就可以称得上孝顺了。"

[解读]

① 父之道:"道"是人生正途,引申为做人处事的作风,原则上都是要择善固执,但是在每一个人身上的具体表现却各有不同。譬如,从甲地去乙地,大家方向一致,却未必采用同一种交通工具,也未必选择同一条路线。子女维持父母的作风三年,尽了哀思孺慕之情,往后要建立自己的行事作风,继续走在人生正途上。本章后半句亦见于 [4.20]。

② "三年"为古人守父母之丧的期间,实为二十五个月,参看 [17.21] 的讨论。"无改于父之道"是对统治阶级的期许,因此孔子称赞孟庄子之孝为"不改父之臣与父之政" [19.18]。

[1.12]

有子曰:"礼之用,和为贵。先王之道斯为美,小大由之。有所不行,知和而和,不以礼节之,亦不可行也。"

[白话]

有子说:"礼在应用的时候,以形成和谐最为可贵。古代帝王的治国作风，就以这一点最为完美，无论小事大事都要依循礼的规定。遇到有些地方行不通时，如果只知为了和谐而求和谐，没有以礼来节制的话，恐怕还是成不了事的。"

[解读]

① 先王：古代帝王，如尧、舜、禹、汤、文、武等。
② 道：就帝王而言，是治国之道，引申为治国作风。
③ 美：古代"美"与"善"可以通用。在《论语》中，"善"侧重品德所造成的具体效果；"美"则用以形容一切合宜的事物或作为，应用范围较广。参考"里仁为美"[4.1]。

[1.13]

有子曰："信近于义，言可复也。恭近于礼，远耻辱也。因不失其亲，亦可宗也。"

[白话]

有子说："与人约信，尽量合乎道义，说话才能实践。谦恭待人，尽量合乎礼节，就会避开耻辱。施恩于人而不失去原有的爱心，也就值得尊敬了。"

[解读]

① 信、恭、因：前两者都是指人际相处的一种操守或品德，"因"也不应例外。古代"因"与"恩"可以通用。施恩于人，久而流于形式，失去原有的爱心，如此又怎能受人尊重？此语若作别解，皆不知所云。
② 近于：接近而不相同。譬如，义与礼是原则，而信与恭是实际

的作为，作为要符合原则的要求。这段话代表有子的见解。孔子学生的说法表达学生个人的心得，可供参考，但不能与孔子本人的言论等量齐观。

[1.14]

子曰："君子食无求饱，居无求安，敏于事而慎于言，就有道而正焉，可谓好学也已。"

[白话]

孔子说："一个君子，饮食不求满足，居住不求安适，办事勤快而说话谨慎，主动向志行高尚的人请求教导指正，这样可以称得上是好学的人了。"

[解读]

① 君子：在此指立志成为君子的人。
② 有道：明白人生正途并且修行成果可观的人，在此可指志行高尚者。
③ 好学：首先要降低物质享受的欲望，其次要在言行上磨炼及改善自己，然后再虚心向良师请益，从而使自己走上人生正途。
④ 关于好学之人，参看 [5.14]、[5.27]、[6.3]。

[1.15]

子贡曰："贫而无谄，富而无骄，何如？"子曰："可也。未若贫而乐道，富而好礼者也。"子贡曰："《诗》云：'如切如磋，如琢如磨。'其斯之谓与？"子曰："赐（ci）也，始可与言《诗》

已矣！告诸往而知来者。"

[白话]

子贡说："贫穷而不谄媚，富有而不骄傲，这样的表现如何？"孔子说："还可以。但是比不上贫穷而乐于行道，富有而崇尚礼仪的人。"子贡说："《诗》上说：'就像修整骨角与玉石，要不断切磋琢磨，精益求精。'这就是您所说的意思吧？"

孔子说："赐呀，现在可以与你讨论《诗》了！告诉你一件事，你可以自行发挥，领悟另一件事。"

[解读]

① 贫而乐道：此语为"贫而乐"或"贫而乐道"，自古即有争议。《史记·仲尼弟子列传》有引文"不如贫而乐道"。亦可参考《庄子·让王》中，颜渊说："所学夫子之道者是以自乐也。"由此可知，"贫而乐道"合乎情理。"贫而乐"则不仅文义不足，甚至不知所云。"道"是人生正途。人在穷困时，较能显示志节的高低。这时除了"无谄"之外，如果进而坚持行道，并且以此为乐，就接近"人之成"的境界了。颜渊是最好的例子，见［6.11］。富有的人也可以行道，就是除了"无骄"之外，还须进而好礼。无谄与无骄是努力克服缺点，乐道与好礼则是积极有为的表现，后者显示出更高的境界。参考［14.10］。

② 《诗》云：引文出自《诗·卫风·淇澳》。

［1.16］

子曰："不患人之不己知，患不知人也。"

[白话]

孔子说:"不担心别人不了解我,只担心我不了解别人。"

[解读]

① 不己知:别人不了解我,不但不会减损我的才学与品德,反而促使我更努力进德修业。当然,我也可以循正当途径让别人认识我。

② 不知人:我不了解别人,这才是大问题。年轻时,要寻找志同道合的朋友;年长时,要提拔正直有为的后辈。若不知人,难免造成许多错误,一旦错误铸成,将悔之莫及。

③ 参考[1.1]、[4.14]、[14.30]、[15.19]。

为政　第二

[2.1]

子曰:"为政以德,譬如北辰,居其所而众星共之。"

[白话]

孔子说:"以德行来治理国家,就像北极星一样,安坐在它的位置上,其他星辰环绕着它而展布。"

[解读]

① 德:古代有德治、礼治、法治的分别。德治的基础是帝王本身的高尚品德,因此帝王责任重大,而效果据说也十分理想,几乎是无为而治。事实上,德治与无为而治不同,但是为何天下自然而然归于太平?这是因为孔子对人性有一个基本的信念,就是人性向善,所以百姓会自动响应德治的帝王。参考[15.5]。
② 譬如:使用比喻,不仅是为了引发读者的联想,还因为孔子所描述的意境很难直接说明白。
③ 《论语》所谓"为政",多指诸侯;"执政"多指卿;"从政"多指大夫。

[2.2]

子曰:"《诗》三百,一言以蔽之,曰:思无邪。"

[白话]

孔子说:"《诗》三百篇,用一句话来概括,可以称之为:无不出于真情。"

[解读]

① 《诗经》共三百一十一篇(实际收录三百〇五篇,另外,小雅六篇有标题而无内容),分为国风、小雅、大雅、周颂、鲁颂、商颂。
② 思:发语词,不是指心思。无邪:没有虚伪造作,都是真情流露。文学作品最怕无病呻吟。
③ 思无邪:出自《诗·鲁颂·駉》,描写马向前直行时勇健的样子,引申为诗人直抒胸怀,所作无不出于真情。其原文为"思无邪,思马斯徂"(意为:没有偏斜啊,马的这种奔行)。参考[3.20]、[17.9]。

[2.3]

子曰:"道(dǎo)之以政,齐之以刑,民免而无耻。道之以德,齐之以礼,有耻且格。"

[白话]

孔子说:"以政令来教导,以刑罚来管束,百姓免于罪过但是不知羞耻。以德行来教化,以礼制来约束,百姓知道羞耻还能走上正途。"

[解读]

① 古治国不废政刑,但是只靠政刑(就如只靠法治)是绝对行不通的。
② "德"是顺应人性的善行。"礼"是人际行为的规范,在古代包括君臣上下之区别,亲疏远近之等级,衣服宫室之制定,进退动作之礼仪等。"格"字有"至""正"二解,可合而观之。既有德治与礼教,使民知羞耻,懂得分辨善恶,则进一步可以走上正途。

[2.4]

子曰:"吾十有五而志于学,三十而立,四十而不惑,五十而知天命,六十而〔耳〕顺,七十而从心所欲不逾矩。"

[白话]

孔子说:"我十五岁时,立志于学习;三十岁时,可以立身处世;四十岁时,可以免于迷惑;五十岁时,可以领悟天命;六十岁时,可以顺从天命;七十岁时,可以随心所欲都不越出规矩。"

[解读]

① 学:学的内容、方法与目的,请参考[1.1]解读③。关于"志",请参考[4.4]、[4.9]、[7.6]。
② 立:指学习做人处事的成效,由此立于礼,走上人生正途。可参考[16.13]、[20.3]。
③ 不惑:由于兼顾学与思,并重学与行,对于人间一切事情都能明白其道理而不再困惑。可参考[12.10]、[12.21]。
④ 知天命:领悟自己身负使命,必须设法完成。这种使命的来源

是天，所以称为天命。孔子的天命包括三项内容：一是从事政教活动，使天下回归正道；二是努力择善固执，使自己走向至善；三是了解命运无奈，只能尽力而为。

⑤ 顺：由知天命而畏天命［16.8］，然后对于天命的具体要求，必须顺从与实践。孔子从五十五岁开始周游列国，一直到六十八岁，历尽艰辛，在别人看来是天之"木铎"［3.24］，是"知其不可而为之"［14.38］。他两度遇到生命危险时（［7.23］、［9.5］），都立即诉求于天，表示他是顺天命而行。关于孔子"天"的概念，可参考［11.9］解读②。

⑥ 〔耳〕顺：耳为衍文。理由有五：一是孔子自述的六个阶段都是直接以动词描写修行的进展（如志、立、不惑、知、顺、不逾），不宜有例外；二是顺天命与孔子生平事迹（自五十五岁至六十八岁周游列国）完全相应（参考［3.24］），耳顺则无合理解释；三是敦煌石经的版本是"六十如顺"，无耳字；四是孟子私淑孔子，谈到"顺天"，不曾提起过"耳顺"，他在宣称"舍我其谁"时，正是想要顺天命；五是先秦儒家典籍中从未谈及"耳顺"，倒是一再谈到"顺天命""顺乎天"等，这些在《易传》中多次出现，请参考我对《易经》的解读。《论语》另外三次出现"耳"字时，皆与"耳顺"无关，如［6.14］、［8.15］、［17.4］。

⑦ 七十：这是天人合德的体验。不过，由此可知"从心所欲"很难"不逾矩"，因此不能以为心是本善的。这一点还会另外说明，如［6.7］。

［2.5］

孟懿子问孝。子曰："无违。"樊迟御，子告之曰："孟孙问孝于我，我对曰：'无违。'"樊迟曰："何谓也？"子曰："生，事之以礼；死，葬之以礼，祭之以礼。"

[白话]

孟懿子请教什么是孝。孔子说："不要违背礼制。"樊迟为孔子驾车时，孔子对他说："孟孙问我什么是孝，我回答他：'不要违背礼制。'"樊迟说："这是什么意思呢？"孔子说："父母活着的时候，依礼的规定来侍奉他们；父母过世后，依礼的规定来安葬他们，依礼的规定来祭祀他们。"

[解读]

① 孟懿子：鲁国大夫仲孙何忌，小孔子二十岁，曾经奉父亲孟僖子之命，向孔子学礼（当时孔子三十四岁）。当时鲁国有孟孙氏（亦即原来的仲孙氏）、叔孙氏、季孙氏三位大夫把持朝政，经常违礼僭礼。孔子因势利导，提醒孟懿子即使在父母过世后也须谨守礼制，否则仍是不孝。孔子以"孟孙"称之，乃称其家之氏名。有关鲁国的"三家"（或"三桓"），可参考［3.2］解读①。

② 无违：只有无违于礼，才能实现孝顺之心意。内在的孝心与外在的礼法配合，才是孝的实践。孝是人生的主要善行，所以有"百善孝为先"的说法。凡行善，必须考虑三点：一、内心感受要真诚；二、对方期许要沟通；三、社会规范要遵守。如此，才可确定如何行善。而所谓"善"，意为一人与别人之间适当关系的实现。判断如何才是"适当"，需要智慧与生活经验。因此孔子回答弟子问孝时，会因材施教，其考虑即是上述三点。譬如本章所侧重的是"社会规范要遵守"。

③ 樊迟：樊须，字子迟，鲁国人，小孔子四十六岁。

④《论语》谈"孝"的章节主要有［2.5］、［2.6］、［2.7］、［2.8］和［4.18］、［4.19］、［4.20］、［4.21］。

［2.6］

孟武伯问孝。子曰："父母唯其疾之忧。"

［白话］

孟武伯请教什么是孝。孔子说："让父母只为子女的疾病忧愁。"

［解读］

① 孟武伯：仲孙彘，孟懿子的儿子。
② 忧：子女各方面都表现良好时，才能使父母"只为"他们的疾病担心而不必再担心其他问题，这就是实践了"孝"。疾病不是人力可以控制的，所以子女更要保重身体。参考上一章解读②。

［2.7］

子游问孝。子曰："今之孝者，是谓能养。至于犬马，皆能有养。不敬，何以别乎？"

［白话］

子游请教什么是孝。孔子说："现在所谓的孝，是指能够事奉父母。就连狗与马，也都能服侍人。如果少了尊敬，又要怎样分辨这两者呢？"

[解读]

① 子游：言偃，字子游，吴国人，小孔子四十五岁。列名文学科。
② 能养：包括饮食起居的照顾与侍奉。犬马对人的服侍则指可以守卫、拖车等。此处以"犬马"喻子女，而非以"犬马"喻父母，务请仔细分辨。参考《礼记·坊记》："子云：小人皆能养其亲，何以辨？"意谓：君子若是对父母养而不敬，则何以异于小人？本章所谓犬马，正是有如小人之能养其父母而不知敬。
③ 本章谈孝，所侧重的是"内心感受要真诚"，后续谈孝之处可以类推而知其侧重之处。

[2.8]

子夏问孝。子曰："色难。有事，弟子服其劳；有酒食，先生馔，曾（zēng）是以为孝乎？"

[白话]

子夏请教什么是孝。孔子说："子女保持和悦的脸色是最难的。有事要办时，年轻人代劳；有酒菜食物时，让年长的人吃喝，这样就可以算是孝了吗？"

[解读]

① 色难：孝顺出于子女爱父母之心，这种爱心自然表现为和悦的神情与脸色。这一点确实远比为父母做事与请父母吃饭要困难多了。
② "弟子"与"先生"对举，是指年轻人与年长的人，也可以指学生与老师。子女对父母的亲爱之情，还要超出学生对老师的敬爱。

[2.9]

子曰:"吾与回言终日,不违如愚。退而省其私,亦足以发,回也不愚。"

[白话]

孔子说:"我整天与颜回谈话,他都没有任何质疑,好像是个愚笨的人。离开教室以后,留意他私下的言语行为,却也能够发挥不少心得。颜回并不愚笨啊!"

[解读]

① 回:颜回,字子渊,又称颜渊,鲁国人,小孔子三十岁。列名于德行科第一 [11.3],又被孔子推许为唯一好学的弟子 [6.3]。

② 不违:不觉得老师说的有什么不对。出现这种情况有三种可能性:一是真的很笨;二是完全不用心思,只是被动接受;三是领悟力很高,一听就懂,所以欣然接受。颜回属于第三种,不过要做到颜回那样,须有两个前提:一是老师讲得有道理,二是学生听完后要证明自己确实有了心得。可参考 [11.4]。

③ 发:学习之后,举一反三,应用在生活中。由此可见孔子在教学上,最重视的是学生受到启发而努力实践,然后则是上课时认真听讲与思考,提出疑问。

[2.10]

子曰:"视其所以,观其所由,察其所安,人焉廋(sōu)哉?人焉廋哉?"

[白话]

孔子说:"看明白他正在做的事,看清楚他过去的所作所为,看仔细他的心安于什么情。这个人还能如何隐藏呢?这个人还能如何隐藏呢?"

[解读]

① 视、观、察:三者都是由我去看人,看的方法是要明白、清楚、仔细,看的对象是他现在、过去、未来的表现。古人用字比较精确,我们则往往用"观察"一语带过。关于"安"字,可参考[17.21]之"于女安乎"。

② 廋:藏匿。有时不是别人故意藏匿,而是我们自己疏于观察,只看现在而忽略过去与未来。

[2.11]

子曰:"温故而知新,可以为师矣。"

[白话]

孔子说:"熟读自己所学的知识,并由其中领悟新的道理,这样才可以担任老师啊。"

[解读]

① 师:广义的老师,凡是有一技之长(包括知识与技能)可以教导别人的,都包括在内。这里所说的不是老师的客观资格与条件,而是老师本身应有的自我期许。

[2.12]

　　子曰："君子不器。"

[白话]

　　孔子说："君子的目标，不是要成为一个有特定用途的器具。"

[解读]

① 器：有一定用途，这是社会分工合作的要求，君子也不例外。但是他的目标并不局限于此，除此之外还追求人生理想的实现。参考[13.25]。

[2.13]

　　子贡问君子。子曰："先行其言，而后从之。"

[白话]

　　子贡请教怎样才是君子。孔子说："先去实践自己要说的话，做到以后再说出来。"

[解读]

① 言：指德行方面的言论，因为这里问的是"君子"。譬如，大家都说"人应该孝顺"，君子就须做到才说。其他像书本上的知识或日常的工作计划，就不必也不可能先做再说了。子贡为言语科的高才生，此章为孔子因材施教之例。

[2.14]

子曰:"君子周而不比(bǐ),小人比而不周。"

[白话]

孔子说:"君子开诚布公而不偏爱同党,小人偏爱同党而不开诚布公。"

[解读]

① 君子指在位者或成德者,小人指无位者或未成德者。君子、小人对举,通常是就道德品质而言,所以"小人"一词就有明显的贬斥之意了。
② 周:君子走在人生正途上,只要遇到志同道合的人,不论是不是亲朋故旧、同党同派,都可以友善相处。这里译为"开诚布公",是就君子没有预定的成见或私心而言,不表示他是没有原则的乡愿。
③ 君子与小人的对比,参考[4.11]、[4.16]、[7.37]、[12.16]、[13.23]、[13.25]、[13.26]、[14.6]、[14.23]、[15.2]、[15.21]、[15.34]。

[2.15]

子曰:"学而不思则罔,思而不学则殆。"

[白话]

孔子说:"学习而不思考,则将毫无领悟;思考而不学习,就会陷于迷惑。"

[解读]

① 学：学生得自书本与老师者，如果不能进而思考其中的道理，不但容易忘记，而且无法应用于生活中。参考 [15.31]。
② 思：沉思事物的道理，如果根据的是自己有限的经验与观察，就无法找出连贯的系统而难免觉得茫然。参考"君子有九思" [16.10]。

[2.16]

子曰："攻乎异端，斯害也已。"

[白话]

孔子说："批判其他不同立场的说法，难免带来后遗症。"

[解读]

① 异端：与我不同的主张，并不代表一定不对。孔子希望大家"道不同，不相为谋" [15.40]，而不必互相批判。
② 害：自古以来不同学派互相批判，造成众说纷纭、争论不休的祸害。如果不用"攻"，而是互相切磋请益，则未尝不能促进学术进步。孔子本人的态度在做人与为学上显然都是宽容的。

[2.17]

子曰："由，诲女（rǔ）知之乎！知之为知之，不知为不知，是知也。"

[白话]

孔子说:"由,我来教你怎样求知吧!知道就是知道,不知道就是不知道,这样才是求知的态度。"

[解读]

① 由:仲由,字子路,鲁国人,小孔子九岁。列名于政事科[11.3]。《论语》中,孔门弟子出现次数之多,首推子路。
② 知之:知道就是知道,不必缺乏信心;不知道就是不知道,不能虚张声势。只有这样才会脚踏实地,认真学习。

[2.18]

子张学干(gān)禄。子曰:"多闻阙疑,慎言其余,则寡尤;多见阙殆,慎行其余,则寡悔。言寡尤,行寡悔,禄在其中矣。"

[白话]

子张请教怎样获得官职与俸禄。孔子说:"多听各种言论,有疑惑的放在一边,然后谨慎地去说自己有信心的,这样就会减少别人的责怪;多看各种行为,有不妥的放在一边,然后谨慎地去做自己有把握的,这样就能减少自己的后悔。说话很少被责怪,做事很少会后悔,官职与俸禄自然不是问题。"

[解读]

① 子张:颛孙师,字子张,陈国人,小孔子四十八岁。
② 干禄:从政做官,得到俸禄。这是古代读书人的主要出路,目的包括追求功成名就与造福百姓。孔子所教的,显然重在修身,修身而有官位,自然会勤政爱民。

[2.19]

哀公问曰:"何为则民服?"孔子对曰:"举直错诸枉,则民服;举枉错诸直,则民不服。"

[白话]

鲁哀公问说:"要怎么做,百姓才会顺服?"孔子答说:"提拔正直者,使他们位于偏曲者之上,百姓就会顺服;提拔偏曲者,使他们位于正直者之上,百姓就不会顺服。"

[解读]

① 哀公:当时的鲁君(公元前495—前468年在位),为定公之子。孔子与鲁哀公的问答都是在他六十八岁回到鲁国以后的事。
② 直:正直者,秉持原则,尽忠职守。与此相对的,是偏曲者,欺上瞒下,玩弄权术。
③ 从"民服"与"民不服"可知,孔子认为"人性"在正常情况下的表现是"向善"的,参考 [12.19]。

[2.20]

季康子问:"使民敬忠以劝,如之何?"子曰:"临之以庄,则敬;孝慈,则忠;举善而教不能,则劝。"

[白话]

季康子问说:"要使百姓尊敬、效忠与振作,应该怎么做?"孔子说:"以庄严态度面对百姓,他们就会尊敬;以仁慈之心照顾百姓,他们就会效忠;提拔好人并且教导能力不足的人,他们就会振作起来。"

[解读]

① 季康子：季孙肥，当时鲁国执政的上卿。孔子与季康子的问答是在他晚年回到鲁国以后的事。
② 孝慈：对待百姓像对待亲人。先说庄严再说孝慈，正如"父严母慈"，百姓自然既敬且忠。
③ 劝：互相劝勉以求振作。从孔子的回答来看，振作的目标应该是走上善途。

[2.21]

或谓孔子曰："子奚不为政？"子曰："《书》云：'孝乎惟孝，友于兄弟，施（yì）于有政。'是亦为政，奚其为为政？"

[白话]

有人对孔子说："您为什么不参与政治？"孔子说："《书》上说：'最重要的是孝顺父母，友爱兄弟，再推广到政治上去。'这就是参与政治了，不然，如何才算参与政治呢？"

[解读]

① 或：某人，不能确定是谁，但其言论留传下来。《论语》中，"或"字指"某人"的有13见。
② 孝、友：人人孝顺父母、友爱兄弟姊妹，家庭自然和乐。推广到整个社会，政治也就上轨道了。这是古人的理想，在舜的身上或许可以实现。
③ 《书》在此是指《尚书·君陈》。君陈为周公之子，他在周公死后，受成王所封并颁布此篇文告。

[2.22]

子曰:"人而无信,不知其可也。大车无輗(ní),小车无軏(yuè),其何以行之哉?"

[白话]

孔子说:"一个人说话不讲信用,真不知道他怎么与人交往。就像大车没有接连横木的輗,小车没有接连横木的軏,车子要怎么拉着走呢?"

[解读]

① 古代以牛车为大车,马车为小车。车前有横木套住牛马,横木的连接关键分别称为輗与軏。孔子以此为喻,说明"信"为立身处世的基本条件。

[2.23]

子张问:"十世可知也?"子曰:"殷因于夏礼,所损益可知也。周因于殷礼,所损益可知也。其或继周者,虽百世可知也。"

[白话]

子张请教:"未来十代的制度现在可以知道吗?"孔子说:"殷朝沿袭夏朝的礼制,所废除的与所增加的,可以知道;周朝沿袭殷朝的礼制,所废除的与所增加的,可以知道。以后若有接续周朝的国家,就算历经百代也可以知道它的礼制。"

[解读]

① "世"与"代"通用,三十年为一世,父子相承也为一世,在

政治上指新君即位。因此，这里所问的是十代以后的君主，指其制度而言。
② 损益：根据前两次的损益，可以推知什么是礼制中不可损与不可益的，以后世世代代皆是如此。

[2.24]

子曰："非其鬼而祭之，谄也。见义不为，无勇也。"

[白话]

孔子说："不属于自己应该祭祀的鬼神，若是去祭祀，就是谄媚。看到该做的事而没有采取行动，就是懦弱。"

[解读]

① 鬼：古代相信人死为鬼，因此祖先皆称为鬼，享受子孙的祭祀。此外，人还各依身份规定，可以祭祀别的鬼神。孔子并未怀疑鬼神的存在，只是强调人对鬼神不应有谄媚与求福之心。这里所批评的两件事，分别是"不当为而为"与"当为而不为"，这都是人们常犯的错误。
② 孔子谈到鬼神，总是不忘提醒人要尽好现世的本分，如"务民之义，敬鬼神而远之，可谓知矣"[6.22]。

八佾　第三

[3.1]
　　孔子谓季氏八佾舞于庭："是可忍也，孰不可忍也！"

[白话]
　　季氏在家庙的庭前，举行天子所专享的八佾之舞。孔子评论这件事时，说："这可以容忍，还有什么是不可容忍的！"

[解读]
① 季氏：指季平子，名为季孙意如，为鲁国当权卿大夫，曾把鲁昭公逐出国境，另立昭公之弟定公。定公即位时，孔子四十三岁。
② 八佾：舞名，每佾八人，八佾六十四人，为天子所享之礼乐。诸侯六佾，大夫四佾，士二佾。季平子以大夫身份而僭用天子之礼乐，无异于礼坏乐崩，天下无道，所以孔子极为不满。此事发生于孔子三十五岁左右。

[3.2]
　　三家者以《雍》彻。子曰："'相（xiàng）维辟（bì）公，天

子穆穆。'奚取于三家之堂？"

[白话]

鲁国三家大夫在祭祖典礼中，冒用天子之礼，唱着《雍》诗撤除祭品。孔子说："《雍》诗上有'助祭的是诸侯，天子庄严肃穆地主祭。'这两句话在三家的庙堂中怎么用得上呢？"

[解读]

① 三家：古代诸侯有国，大夫有家。鲁国的三家皆为鲁桓公的后代，又称三桓。桓公传位于庄公，另有庶子庆父、叔牙、季友，其后代分别称为仲孙（后改称孟孙）、叔孙、季孙。"孙"指其为桓公子孙。由于庆父与叔牙皆得罪而死，季友成为宗卿，可立桓公之庙。三家之堂即指桓公之庙。参考［16.3］。
② 雍：引自《诗经·周颂·雍》。相，助祭者；维，语词；辟公，辟为君，辟公指诸侯。古代天子宗庙之祭结束，收拾祭品（彻）时，咏唱《雍》诗。
③ 堂：根据古代庙制，室外为堂，堂外为庭。歌《雍》在堂，而舞佾在庭。

[3.3]

子曰："人而不仁，如礼何？人而不仁，如乐何？"

[白话]

孔子说："一个人没有真诚的心意，能用礼做什么呢？一个人没有真诚的心意，能用乐做什么呢？"

[解读]

① 仁：就人之性而言，是指真诚的心意以及向善的自觉力量；就人之道而言，是指人生正途或择善固执；就人之成而言，是指完美的人格。如果把这句话说完全，就是：一个人没有真诚的心意，不走在人生正途上，又缺少完美的人格，那么礼乐再多又有什么用呢？此处，以真诚的心意来解释"仁"字，较为贴切。参考［17.11］。

[3.4]

林放问礼之本。子曰："大哉问！礼，与其奢也，宁俭；丧，与其易也，宁戚。"

[白话]

林放请教礼的根本道理。孔子说："你提的真是大问题！一般的礼，与其铺张奢侈，宁可俭约朴素；至于丧礼，与其仪式周全，不如心中哀戚。"

[解读]

① 林放：鲁国人，背景不详。
② 奢、俭：代表两个极端，俭则可以避免繁文缛节，比较接近礼的本质，即真诚的心意。
③ 易、戚：有重外与重内之分。丧礼对真诚心意的强调，更甚于其他的礼，所以孔子特别加以说明。另外，奢与俭无法并取，易与戚却可以兼顾，只是须分清本末。或许这就是孔子答复"礼之本"的要旨吧。这段话表明了孔子"承礼启仁"的基本观点。

[3.5]

子曰:"夷狄之有君,不如诸夏之亡(wú)也。"

[白话]

孔子说:"夷狄还知道有君主,不像周朝诸国连君主都没有了。"

[解读]

① 夷狄:古代生活在中原地区的人以自己为文明开化者,称四方之族为东夷、西戎、南蛮、北狄。
② 诸夏:夏,大也,中国也。周朝诸国,为华夏文明区。春秋期间,周朝曾经五年没有天子,鲁国曾经九年没有国君。

[3.6]

季氏旅于泰山。子谓冉有曰:"女弗能救与?"对曰:"不能。"子曰:"呜呼,曾谓泰山不如林放乎?"

[白话]

季氏将去祭祀泰山。孔子对冉有说:"你不能阻止他吗?"冉有回答:"不能。"孔子说:"呜呼,难道你们认为泰山之神不像林放一样懂得礼吗?"

[解读]

① 旅:祭名,陈列祭品而祭。当时的礼制规定天子与诸侯才可以祭祀境内山川。季氏是大夫,祭山川则僭礼。
② 冉有:冉求,字子有,小孔子二十九岁。列名政事科 [11.3]。

当时冉有为季氏家臣。参看［16.1］。
③ 泰山、林放：以泰山之神与林放相比，表示孔子的感叹与深责。

[3.7]

子曰："君子无所争，必也射乎。揖让而升下而饮，其争也君子。"

[白话]

孔子说："君子没有什么可争的，如果一定要争，那就比赛射箭吧。比赛时，上下台阶与饮酒，都拱手作礼、互相谦让，这样的竞争也是很有君子风度的。"

[解读]

① 必也：此为假设语句，意为"如果一定要"。这种用法还有多次。
② 射：古代六艺之一，为男子必学的基本武艺，可用于防身、作战，也是一种娱乐与竞赛项目。关于射，有明确的礼仪。
③ 争：依礼而行，重点在参与人际互动，而不在胜过别人。

[3.8]

子夏问曰："'巧笑倩兮，美目盼兮，素以为绚（xuàn）兮。'何谓也？"子曰："绘事后素。"子夏曰："礼后乎？"子曰："起予者商也。始可与言《诗》已矣。"

[白话]

　　子夏请教说:"'笑眯眯的脸真好看,滴溜溜的眼真漂亮,白色的衣服就已经光彩耀目了。'这句诗是什么意思?"孔子说:"绘画时,最后才上白色。"子夏接着说:"那么,礼是不是后来才产生的?"孔子说:"能够带给我启发的,是商啊。现在可以与你谈《诗》了。"

[解读]

① 素以为绚:以素为绚,以白色为多彩,意思是丽质天生的美女,不必多作装饰,只要穿上素色衣服就很吸引人了。此诗前两句引自《诗经·卫风·硕人》。

② 绘事后素:古代绘画是先上各种颜色,最后以白色分布其间,使众色凸显出来。《周礼·考工记》说:"凡画缋之事后素功。"郑玄注云:"素,白采也,后布之,为其易渍污也。"意即:素是白色染料,最后才涂上去,因为它容易被染污弄脏。由此可知,孔子所说的是:绘画这件事,最后上白色。朱熹的解读加了一个字,成为"绘事后于素",使其意思颠倒了。先秦时代并无白纸可用,所以朱注的"在白纸上画彩色"是臆测之词。正因为子夏问的"礼后乎"是以礼为白色,所以才得到孔子的赞叹。

③ 礼后:礼像白色一样,是为了使原有的美质展现,而不是另外加上特定的色彩。通常人们以为礼是文饰,而忘记这种文饰的设计是为了适当地表达人性原有的情意与感受。人的真情实感是彩色的,礼是白色的。礼可以使情感适当表现,正如前引《诗》所云"素以为绚"(以素为绚,白色衣服使女子光彩耀目)。《易经》贲卦讲装饰,其最高层次为"白贲"(以白为饰)。礼即是白色,若无情感,就只是空洞的形式。

④ 起予者：子夏不但联想力强，而且理解十分正确，所以得到孔子的高度肯定。本章乃了解儒家重视真诚之重要资料，实不可误读。

[3.9]

子曰："夏礼吾能言之，杞（qǐ）不足征也。殷礼吾能言之，宋不足征也。文献不足故也。足，则吾能征之矣。"

[白话]

孔子说："夏朝的礼制我能叙述，它的后代杞国没有办法证实。殷朝的礼制我能叙述，它的后代宋国没有办法证实。这都是由于资料与人才不够的缘故。若有足够的资料与人才，我就能证实了。"

[解读]

① 杞：夏朝灭亡后，子孙被封于杞国，积弱不振，多次迁徙。《列子》书中有"杞人忧天"的比喻。
② 宋：殷朝之后被封于宋国，国势也每况愈下。《孟子》书中有宋国农夫"揠苗助长"的比喻。
③ 征：孔子博学多识，但是谈到有关历史事实则十分谨慎，总是找到可靠的资料与专业人才后才下断语。

[3.10]

子曰："禘（dì）自既灌而往者，吾不欲观之矣。"

[白话]

孔子说:"举行禘祭时,从献玉这一步以后,我就不想仔细观看了。"

[解读]

① 禘:古代的大祭,有祭天、祭地与祭祖先之分。天子与诸侯各有祭祖先于宗庙的禘,后来周成王感念周公大德,特赐其后代子孙在鲁国为周公举行天子的禘祭。后来,鲁国之君也用天子的禘祭来祀其父祖,于是成为僭越之举。
② 既灌:禘祭的仪式与献礼既繁复又隆重,"既灌"是禘祭开始不久,献上圭璋以迎祖先之灵,这是天子之禘与诸侯之禘相似的部分,但是自此以后的仪式与献礼大不相同。孔子眼见鲁君习于僭礼之禘祭,不免深感遗憾,所以他说自既灌以后不想再看了。

[3.11]

或问禘之说。子曰:"不知也。知其说者之于天下也,其如示诸斯乎!"指其掌。

[白话]

有人请教禘祭的理论。孔子说:"我不知道啊。知道这种理论的人若要治理天下,就好像看着这里吧!"他指着自己的手掌。

[解读]

① 禘:禘祭界定了人与天、地、祖先的关系,引发人的报本反始之心,只要明白其中的理论,治国就顺理成章了。

② 不知：有三种可能性：一是问题太大了，无从说起；二是禘礼已被僭用，说了于事无补；三是孔子真的不知道其中的细节。不知道全部的理论，并不表示不知道这种理论的效果。

[3.12]

祭如在，祭神如神在。子曰："吾不与祭如不祭。"

[白话]

祭祀时有如受祭者真的临在，祭鬼神时有如鬼神真的临在。孔子说："我不赞成那种祭祀时有如不在祭祀的态度。"

[解读]

① 祭：祭祀的对象是祖先与神明，合称鬼神。前两句意思一样，强调行祭者的虔诚态度。
② 如：有如，好像。我们不能以"如"字来证明孔子不信鬼神的存在，或者说他只偏重人的主观想象。鬼神当然没有具体的形象，但是他们的作用则不能被否定，这是古人祭祀的前提。为了使这种作用呈现出来，行祭者必须有斋戒之准备，以求专心与诚意，行祭时更要虔诚恭敬，这才是"如"字所指的意思。参考 [7.13]。
③ 不与：不赞成。本章通篇在谈祭祀时的虔诚态度，孔子的话总结了这种观点。"祭如不祭"四字为一语，正可对照开头所描述的孔子的态度："祭如在，祭神如神在。"

[3.13]

王孙贾问曰:"'与其媚于奥,宁媚于灶。'何谓也?"子曰:"不然。获罪于天,无所祷也。"

[白话]

王孙贾请教:"'与其讨好尊贵的奥神,不如讨好当令的灶神。'这句话是什么意思?"孔子说:"不是这样的。一个人得罪了天,就没有地方可以献上祷告了。"

[解读]

① 王孙贾:卫国大夫,他以流行的成语向孔子请教。一般认为,"奥"指卫灵公夫人南子,"灶"指当权大夫弥子瑕。参照 [14.19]。
② "奥"在室内西南角,地位尊贵。"灶"则负责饮食之事,较有实用价值。
③ 天:孔子接受周人信仰,以天为至高神明与万物主宰。我们可以说一个人凭良心做事"符合"天意,但不能说天意"就是"我们的良心。孔子的话明确地指出:我们的祈祷与获罪,都以天为最后的与最高的对象。参考 [7.35]。关于孔子"天"的概念,参考 [11.9] 解读②。历代学者有以天为君(孔安国),或以天为理(朱熹),皆为迂曲。孔子自谓"五十而知天命"。天为其祷告对象,对天命要知、要畏、要顺,乃合理之事。

[3.14]

子曰:"周监于二代,郁郁乎文哉!吾从周。"

[白话]

孔子说:"周代的礼教制度参酌了夏殷二代,形成了多么灿烂可观的文化啊!我是遵从周代的。"

[解读]

① 文:文化,主要指礼乐,背后则是人文化成的理想。[9.5]中孔子宣称,自周文王死后,维系文化的具体责任就落在他的身上了。由此可知,以文化陶冶人才,以人才发扬文化,两者必须兼顾。

② 孔子的祖先可以推到宋国王室,所以他是殷人后代。他说"吾从周"一语,就有重视文化胜于族群之意。

[3.15]

子入大(tài)庙,每事问。或曰:"孰谓鄹(zōu)人之子知礼乎?入大庙每事问。"子闻之曰:"是礼也。"

[白话]

孔子进入周公庙,对每一项礼器与摆设都要发问。有人说:"谁说这一位鄹邑的年轻人懂得礼呢?他在周公庙里什么都要发问。"孔子听到这种批评,就说:"问清楚行礼的细节,这就是礼啊!"

[解读]

① 大庙:这里的大庙指鲁国的周公庙。礼的本质是敬,孔子"每事问",表现敬谨之至的心态。

② 鄹人:孔子的父亲叔梁纥曾任鄹邑大夫,所以孔子被称为"鄹

人之子"。由此章可知，孔子在当时已有"知礼者"之名声。

[3.16]

子曰："射不主皮，为力不同科，古之道也。"

[白话]

孔子说："射箭不只为了射中箭靶，征用劳役不能采用单一的标准：这些是古代的作风。"

[解读]

① 射：主皮指射中箭靶，当然是古代习射的目的之一。但是，必须同时兼顾礼仪与风度，否则就会流于粗野及争胜。这是教民以礼。参考 [3.7]。
② 为力：古代征用劳力，按每家人口多少分为三科，而不是不顾实际情况作硬性规定。这是使民以义。
③ 道：指相沿成习的作风，就像走出一条路一样。

[3.17]

子贡欲去告（gù）朔之饩（xì）羊。子曰："赐也，尔爱其羊，我爱其礼。"

[白话]

子贡想要废除告朔之礼所供的活羊。孔子说："赐啊，你不舍得那只羊，我不舍得那种礼。"

[解读]

① 告朔：古代天子每年颁告诸侯历法，诸侯依其规定每月初一（朔）必须告朔于祖庙，以示尊君与上告祖先。到鲁定公、鲁哀公时，天子势衰，不行告朔，而鲁国官员还每月准备告朔礼所规定的活羊，所以子贡想要废除这种有名无实又浪费的活动。

② 羊是告朔礼的一部分，如果去掉，就等于告朔礼完全消失，而君臣之间的适当关系也就更为模糊了。孔子所不舍的原因即在此。

[3.18]

子曰："事君尽礼，人以为谄也。"

[白话]

孔子说："服侍君主完全遵照礼制的规定，别人却以为他的作为是在谄媚讨好。"

[解读]

① 礼：古代重视君臣之礼。到了孔子的时代，知道这种礼并且认真奉行的人已经很少了，以致尽礼事君反被视为谄媚。如果从这个角度去看孔子，会觉得他比较保守；但是放弃这个原则，所有的礼制都将变得可有可无，又如何维持稳定的秩序呢？参考［9.3］。

[3.19]

定公问："君使臣，臣事君，如之何？"孔子对曰："君使臣以礼，臣事君以忠。"

[白话]

鲁定公问:"君主使唤臣子,臣子服侍君主,要怎么做才好?"孔子回答说:"君主按照礼制来使唤臣子,臣子尽忠职守来服侍君主。"

[解读]

① 定公:鲁定公(公元前509—前495年在位),接续其兄鲁昭公即位。他因为季氏支持而得位,对于三家的势力更是无可奈何。定公十三年,孔子五十五岁,担任司寇之职,政绩卓著。后因故去职,开始为期十四年的周游列国之旅。

[3.20]

子曰:"《关雎》,乐而不淫,哀而不伤。"

[白话]

孔子说:"《关雎》这几首诗的演奏,听起来快乐而不至于沉溺,悲哀而不至于伤痛。"

[解读]

① 《关雎》是《诗经·周南》的第一篇,古人有时以第一篇诗名综括相关的几篇。古代诗乐舞一体,所以翻译为"演奏"。
② 一般认为《关雎》《葛覃》乐而不淫,《卷耳》哀而不伤。《诗经》皆为真情之作,因而可以感动人心,又能适度合宜。参考[2.2]。

[3.21]

哀公问社于宰我，宰我对曰："夏后氏以松，殷人以柏，周人以栗，曰：'使民战栗。'"子闻之曰："成事不说，遂事不谏，既往不咎。"

[白话]

鲁哀公问宰我有关社主用木的事。宰我回答："夏代用松木，殷代用柏木，周代用栗木，意思是说：'要使百姓紧张战栗。'"孔子听到这样的话，就说："已成的事不能再解释，过去的事不能再劝阻，从前种种也不能再责怪了。"

[解读]

① 社：土神，古代建邦立国都要立社，以都城合适的树木为社主。情形大概是社所在之地有树，有树所制成的牌位，也有祭祀的庙。

② 宰我：宰予，字子我，鲁国人，小孔子二十九岁。他是列名于"言语科"[11.3]的学生。在《论语》中，他每一次出现都引来孔子的教诲，参看 [5.9]、[6.26]、[17.21]。

③ 栗：古代栗木的"栗"与战栗的"栗"，音同字同，可以联想在一起。宰我的回答等于暗示鲁哀公用武力改变三家大夫专权的现状。

④ 成事：孔子这三句话一方面提醒宰我不要自作聪明，另一方面则是不赞成用武力改变鲁国现状。孔子连说三句意思相似的话，这是很少见的。对人间的现状，与其追悔过去，不如把握现在并策划未来。

[3.22]

子曰:"管仲之器小哉!"或曰:"管仲俭乎?"曰:"管氏有三归,官事不摄,焉得俭?""然则管氏知礼乎?"曰:"邦君树塞(sè)门,管氏亦树塞门;邦君为两君之好有反坫(diàn),管氏亦有反坫。管氏而知礼,孰不知礼?"

[白话]

孔子说:"管仲的见识与度量太小了!"有人问:"他是不是节俭呢?"孔子说:"管仲有三处公馆,手下人员不必兼职工作,怎么算得上节俭呢?"这人再问:"那么他懂得礼吗?"孔子说:"国君在宫室的大门内设屏墙,管仲的公馆也设屏墙;国君为了宴请友邦贵宾,在堂上设有放置酒杯的土台,管仲也安置了这样的土台。管仲这种作为如果算是懂得礼,那么还有谁是不懂得礼的呢?"

[解读]

① 管仲:管夷吾(约公元前 725—前 645 年),齐国大夫,四十年之久辅佐齐桓公,使他成为春秋初期的霸主。他有大功于民,但是未能继续修身立德,以致最终沉溺在世俗的荣华富贵中。有关管仲的评价,可参看 [14.9]、[14.16]、[14.17]。

② 器:由见识与度量所产生的抱负。譬如,既然从政,就要在治国之后,立志平天下。或者,在一国之内,推行教化,求其长治久安。不然,也须在自我期许上,努力修养完美的人格。

③ 俭:发问的人,由器小而联想到俭约,又由不俭而联想到知礼,这是因为行礼的耗费很大。这些都反映了当时流行的误解。

④ 三归:三处公馆,各有全套的人手与装备,所以说是不俭。

⑤ 反坫:设在大堂两柱之间的土台,专供宴饮时放置酒杯之用。

坫是土台，反是放回（酒杯）。依礼，国君才能设反坫，管仲是大夫，这样做就是违礼。

[3.23]

子语（yù）鲁大（tài）师乐，曰："乐其可知也。始作，翕（xī）如也；从之，纯如也，皦（jiǎo）如也，绎如也，以成。"

[白话]

孔子告诉鲁国大乐官有关音乐的原理，说："音乐是可以了解的。开始演奏时，众音陆续出现，显得活泼而热烈；由此接下去，众音和谐而单纯，节奏清晰而明亮，旋律连绵而往复，然后一曲告终。"

[解读]

① 鲁大师：鲁国的大乐官，这一位可能是师挚。
② 翕如：这四个词都是比喻。艺术欣赏需要主观体验，无法以具体的方式说明白。

[3.24]

仪封人请见，曰："君子之至于斯也，吾未尝不得见也。"从者见之。出曰："二三子何患于丧乎？天下之无道也久矣！天将以夫子为木铎。"

[白话]

仪城的封疆官员请求与孔子相见，说："有名望的君子来到这里，我从来没有不与他相见的。"随行的学生安排了他们会面，他出来之后，说："你们这些人为什么担心失去官位呢？天下没有正道的时期已经够久了，天将会以你们的老师作为教化百姓的木铎。"

[解读]

① 仪：卫国西北角边境的一个邑。封人是典守封疆之官。
② 君子：社会的知名贤达，往往与地位及德行有关。
③ 丧：指孔子在鲁国失去司寇的官位。
④ 天：仪封人的话表明他相信两点：一是天在默默观察人间，并在必要时选择"木铎"来改善人间；二是天选择了孔子担任这个角色。我们曾说孔子"六十而顺〔天命〕"[2.4]，这里提供了一个证据。参考[11.9]解读②。
⑤ 木铎：木舌的铜铃，古代宣布政教法令时，巡行振鸣以引起众人注意，故用以比喻宣扬教化。另外有金铎（金舌的铜铃），则用于军事作战。

[3.25]

子谓《韶》："尽美矣，又尽善也。"谓《武》："尽美矣，未尽善也。"

[白话]

孔子评论《韶》乐，说："美得无以复加，并且善得无以复加。"评论《武》乐，说："美得无以复加，尚未善得无以复加。"

[解读]

① 《韶》：舜时的乐曲，歌咏舜的德治教化。《武》，周初的乐曲，

歌咏周武王安定天下。参考［7.14］、［15.11］。
② 美：就乐曲（包括歌与舞）的创作与演出而言。
③ 善：就乐曲所描述的人物与成就而言。舜在位约五十年，德被万民，他的善发挥到了极致。武王伐纣之后，仅在位六年，他的善在成效上未臻极致。换言之，尽善是就德之效应而言，不必由此比较舜与武王二人之德。

[3.26]

子曰："居上不宽，为礼不敬，临丧不哀，吾何以观之哉？"

[白话]

孔子说："身居上位而不宽大，举行礼仪而不恭敬，参加丧礼而不悲哀，这种人我要怎么看他呢？"

[解读]

① 宽：指对待百姓而言，并不是要减少合宜的法令，而是要基于恕道，多为百姓设想，如"举善而教不能"［2.20］。

里仁　第四

[4.1]

子曰:"里仁为美,择不处仁,焉得知(zhī)?"

[白话]

孔子说:"居住在民风淳厚的地方是最理想的。一个人选择住处错过了民风淳厚的地方,怎么算得上明智呢?"

[解读]

① 仁:民风淳厚,这是许多人走在人生正途上呈现出的效果。此前多次译"仁"为"真诚的心意",是就个人而言。人与人以真诚的心意来往,整个社会就会形成淳厚的风气。
② 美:兼具道德含义与欣赏评价,肯定其为合宜适当,所以译为"最理想的"。

[4.2]

子曰:"不仁者,不可以久处约,不可以长处乐。仁者安仁,知者利仁。"

[白话]

孔子说:"不行仁的人,没有办法持久处在困境中,没有办法长期处在顺境中。行仁者是自然而然走在人生正途上,明智者则是了解人生正途的重要而做此选择。"

[解读]

① 仁:此处就人之道(人生正途)而言,因此,译文加一"行"字,表示实践与行走双重含义。人生正途的具体内涵是"择善固执",如此才可做到本章所说的"久处约,长处乐"。参考[1.3]注①。
② 安仁:就是以择善固执为其自然的(本性所要求的)作为。至于利仁,则是以"择善固执"为有利于完成其人生目标的作为。

[4.3]

子曰:"唯仁者能好(hào)人,能恶(wù)人。"

[白话]

孔子说:"只有行仁者能够做到喜爱好人,厌恶坏人。"

[解读]

① 仁者:行仁的人择善固执,没有偏私之心或其他顾虑,所以能够对好人与坏人都态度适宜。
② 参考《大学》论"修身"之语:"故好(hào)而知其恶(è),恶(wù)而知其美者,天下鲜矣。"详细讨论见傅佩荣《解读〈大学〉〈中庸〉》。

［4.4］

　　子曰："苟志于仁矣，无恶也。"

［白话］

　　孔子说："只要立志行仁，就不会做坏事了。"

［解读］

① 志：以仁作为志的目标，其过程即是行仁，也就是努力择善固执，这样自然不会再做坏事。孔子论志，参考［2.4］、［4.9］、［7.6］。
② 恶：孔子以"仁"字来总括人生应有的价值取向，其中第一步即是去恶从善。由于"仁"不完全等于"善"，所以此处孔子的说法并非同义重复。立志之后，还须学习如何择善与如何固执，而这些正是孔子教学的重点所在。
③ 《易经·文言传》说"闲邪存其诚"，意即防范邪恶以保存内心的真诚。人若真诚，则与邪恶势不两立。人由真诚而向善，进而择善固执，又怎么会为恶?

［4.5］

　　子曰："富与贵，是人之所欲也；不以其道得之，不处也。贫与贱，是人之所恶（wù）也；不以其道得之，不去也。君子去仁，恶（wū）乎成名? 君子无终食之间违仁，造次必于是，颠沛必于是。"

［白话］

　　孔子说："富有与尊贵，是每一个人都想要的；如果不依正当的途径加于君子身上，他是不会接受的。贫穷与卑微，是每一个人都讨厌的；如果不依正当的途径加于君子身上，他是不会逃避的。君子如果离开了人生正途，怎样去成就他的名声？君子不会有片刻的时间脱离人生正途，在匆忙急迫时坚持如此，在危险困顿时也坚持如此。"

[解读]

① 富与贵：孔子明白一般人的好恶，问题在于是否可以为此而不择手段。当然，答案很清楚。参考［7.12］、［7.16］。
② 道：正当的途径。"得之"并非主动去争取，否则何必在得之以后，又要考虑"不处"或"不去"？得之是"加乎其身"的意思，侧重于结果。譬如，天下无道，以致君子陷于贫贱，这种结果就是"不以其道得之"。
③ 不去：富贵不处而贫贱不去，正足以显示孔子的心意，即人生正途在于"择善固执"，而富贵所形成的阻碍，远远大于贫贱所造成者。
④ 君子对"名"的态度，参考［15.20］。

[4.6]

子曰："我未见好仁者，恶不仁者。好仁者，无以尚之；恶不仁者，其为仁矣，不使不仁者加乎其身。有能一日用其力于仁矣乎？我未见力不足者。盖有之矣，我未之见也。"

[白话]

孔子说："我不曾见过爱好完美人格者与厌恶不完美人格者。爱好完美人格者，已经达到好的极限；厌恶不完美人格者，他追求完美人格的办法，是不使偏邪的行为出现在自己身上。有没有人会在某一段时期致力于培养完美人格的呢？真要这么做，我不曾见过力量不够的。或许真有力量不够的，只是我未曾见过罢了。"

[解读]

① 好仁者：爱好完美人格者。"仁"在此是指"人之成"，不然不能接着说"无以尚之"。
② 恶不仁者：不像好仁者那么积极主动，但是无法忍受不合完美人格的行为，因此不允许自己误入歧途。
③ 一日：指较短的一段时间。
④ "用其力于仁"肯定了以下两点：一、仁不是人天生就有的德行；二、仁是人努力以赴就可以达成的。因此，只有从人之性、人之道、人之成三个角度全面阐述，才能充分说明仁的意思。参考［6.12］孔子对冉求自认为"力不足"的批评。

[4.7]

子曰："人之过也，各于其党。观过，斯知仁矣。"

[白话]

孔子说："人们所犯的过错，各由其本身的性格类别而来。因此，察看一个人的过错，就知道他的人生正途何在。"

[解读]

① 党：类别。人的性格有的急躁，有的温和，有的爽朗，有的深沉，等等。
② 知仁：这等于说由过错去看性格，再由性格去看一个人应该如

何走在人生正途上。"仁"字在此是指向未来的，如此才符合改过迁善的原则。

③ 如何面对自己的"过"？参考［5.26］、［15.30］。

［4.8］

子曰："朝闻道，夕死可矣！"

［白话］

孔子说："早晨听懂了人生理想，就算当晚要死也不妨啊！"

［解读］

① 道：应行之道。了解人生的价值何在，可以依此而行，死而无憾。这也是"守死善道"［8.13］的意思。
② 死：这句话表明孔子知生也知死，而这种贯穿生死的道，无异于他一再强调的仁。参考［15.9］"杀身以成仁"，［15.35］"蹈仁而死"。
③ 本章所谓"闻道"，是指"听懂了"人生理想（包括人生的意义、价值与目的），但未必来得及"付诸实践"。"闻而未行"也无遗憾吗？是的，因为心念转到正确的方向上，人生趋于光明，有了"质"的改变，不必再斤斤计较行善之"量"。孔子之言显示出深刻的宗教体验。

［4.9］

子曰："士志于道，而耻恶（è）衣恶食者，未足与议也。"

［白话］

孔子说:"读书人立志追求人生理想,却以简陋的衣服与粗糙的食物为可耻,那就不值得与他谈论什么道理了。"

［解读］

① 士:泛指读书人,在古代他们的具体目标是培养才德与获取官位。参考［13.20］、［14.2］。特别要对照［15.32］"君子谋道不谋食"。
② 耻:认为生活穷困是可耻的,表明志向卑微。在孔子的心目中,士应该努力成为君子。
③ 关于"志",参考"志于学"［2.4］,"志于仁"［4.4］,"志于道"［7.6］。

［4.10］

子曰:"君子之于天下也,无适(dí)也,无莫(mù)也,义之与比。"

［白话］

孔子说:"君子立身处世于天下,无所排拒也无所贪慕,完全与道义并肩而行。"

［解读］

① 义:应行之事。义与道(应行之道)相表里,因此合称"道义"。义的原意是"宜",指恰到好处,而任何事情要做到恰到好处,都需要符合"应该"的要求。譬如,年轻人给老人让座,就是"宜",背后的判断即是"应该如此"。怎么判

断应该如何呢?这便是择善的问题了,以后还会谈到。参考[4.16]、[18.8]。

[4.11]

子曰:"君子怀德,小人怀土;君子怀刑,小人怀惠。"

[白话]

孔子说:"君子关心的是德行,小人在乎的是产业;君子关心的是规范,小人在乎的是利润。"

[解读]

① 君子与小人对比,可以看出小人为了产业而忽略德行,为了利润而不惜破坏规范。反之,君子则以德行与规范为重。换言之,小人处于"自我中心"阶段,君子则进入"人我互动"阶段。即使如此,君子仍须努力向"超越自我"阶段提升。有关孔子的价值观(三阶六层),请参考[5.25]解读④。
② 有关君子与小人的对比,参考[2.14]解读③。

[4.12]

子曰:"放(fǎng)于利而行,多怨。"

[白话]

孔子说:"做人处事全依照利益来考量,就会招致许多怨恨。"

[解读]

① 放：依靠、依照、依循，所以译为"全依照（利益）来考量"。
② 怨：天下之利有限，难免引人相争。若是因利而招致仇怨，实乃得不偿失，何况又偏离了人生正途。

[4.13]

子曰："能以礼让为国乎，何有？不能以礼让为国，如礼何？"

[白话]

孔子说："能以礼貌谦让的态度治理国家，治理国家有什么难呢？不能以礼貌谦让的态度治理国家，又能用礼做什么呢？"

[解读]

① "礼"是人际关系的具体规范，"让"是人与人互相尊重的明确表现。"礼让"合称，则指礼貌谦让的态度。

[4.14]

子曰："不患无位，患所以立。不患莫己知，求为可知也。"

[白话]

孔子说："不担心没有官位，要担心的是凭什么立身处世。不担心没有人了解自己，要设法使自己值得让别人了解。"

[解读]

① 古代位、立通用，在此都指官位而言，不过原文既然用"立"，

则立身处世的含义更为明确。
② 可参考［1.1］、［1.16］、［14.30］、［15.19］。

［4.15］

子曰："参（shēn）乎！吾道一以贯之。"曾子曰："唯。"子出，门人问曰："何谓也？"曾子曰："夫子之道，忠恕而已矣。"

［白话］

孔子说："参啊！我的人生观是由一个中心思想贯穿起来的。"曾子说："的确如此。"孔子出去后，别的学生就问曾子："老师所指的是什么？"曾子说："老师的人生观只是忠与恕罢了。"

［解读］

① 参：曾参，字子舆，鲁国人，小孔子四十六岁。
② 道：包括行事作风、人生理想、基本学说等。对个人而言，可以用"人生观"一词来概括。
③ 一以贯之：指完整的系统或中心思想。这是人的理性发展与实践心得抵达一定程度时，都会向往的境界，自古以来只有极少数大智大仁者可以如愿以偿。"一以贯之"一语亦见于［15.3］，子贡以为孔子是"多学而识之"，由广泛学习而记得各种知识，但孔子强调自己是"一以贯之"，有一个中心思想。在本章，孔子主动告诉曾参，原本可能是希望曾参（年轻而鲁钝）会随之请教"何谓也？"他就可以发挥心得。但结果未如其意，"子出"二字反映了他的无奈。
④ 忠恕：读《论语》时，对其内容要有所分辨，即学生的话代表

他们个人的心得,而未必"完全等于"孔子的想法。因此,"忠恕"代表曾子对孔子人生观的理解,而不完全等于孔子的人生观。事实上,孔子过世时,曾子才二十七岁,并且他是孔子所谓"鲁钝"的资质[11.18],即使认真致力于学与行,仍不表示他在年轻时就领悟了孔子的一贯之道。他后来谈"任重而道远"[8.7],指出仁与死的关系,显然又肯定"仁"才是一贯之道。

[4.16]

子曰:"君子喻于义,小人喻于利。"

[白话]

孔子说:"君子能够领悟的是道义,小人能够领悟的是利益。"

[解读]

① 君子:像这种君子与小人对举且完全对立的句子,在《论语》中多次出现,可参考[2.14]解读③。实际生活中,我们所见的几乎都是介于二者之间的人。因此,在理解时,要有"动态人生"的观点,即把"君子"视为"立志或努力成为"君子的人,小人则是"无心或放弃成为"君子的人。只有这样理解,才可进而主张:君子若是懈怠,可能沦为小人;小人若是上进,可能脱胎换骨成为君子。如此一来,孔子的教育工作才有实质的作用与效果可言。

[4.17]

　　子曰:"见贤思齐焉,见不贤而内自省也。"

[白话]

　　孔子说:"看见德行卓越的人,就要想怎么努力像他一样;看见德行有亏的人,就要反省自己是否也犯同样的毛病。"

[解读]

① 思:保持清醒,看到别人在德行上的表现时,立刻省察自己应该如何改善。能够如此,天下人都是我的老师了。参考[5.26]、[7.22]。

[4.18]

　　子曰:"事父母几(jī)谏,见志不从,又敬不违,劳而不怨。"

[白话]

　　孔子说:"服侍父母时,发现父母将有什么过错,要委婉劝阻;看到自己的心意没有被接受,仍然要恭敬地不触犯他们,内心忧愁但是不去抱怨。"

[解读]

① 几:隐微的征象。父母是人,自然可能犯错,子女最好事先就委婉相劝。如果行不通,子女仍须谨守不违不怨的原则,除此之外,就只有自己努力积德行善了。由此亦可知,孔子并没有"天下无不是的父母"(此为宋朝罗仲素之语)这种观念。
② [4.18]及其后三章皆谈孝,可参考[2.5]及其后三章。

[4.19]

　　子曰:"父母在,不远游,游必有方。"

[白话]

　　孔子说:"父母在世时,子女不出远门。如果出远门,就必须有一定的去处。"

[解读]

① 游:古代有游学与游仕,另外自然也有游历、游玩等。"不远游"的重点在于不要使父母挂念。

[4.20]

　　子曰:"三年无改于父之道,可谓孝矣。"

[白话]

　　孔子说:"如果能三年不改变父亲做人处事的作风,就可以称得上孝顺了。"

[解读]

① 此章已见于[1.11]。参考[19.18]。
② 凡是《论语》谈到父子的地方,今天都应理解为父母与子女。

[4.21]

　　子曰:"父母之年,不可不知也。一则以喜,一则以惧。"

[白话]

孔子说:"父母的年纪,做子女的不能不记得。一方面为他们得享高寿而欢喜,另一方面为他们日渐老迈而忧虑。"

[解读]

① 喜与惧同时出现,正是人类情感的特色。能够见此而思彼,做人处事就会有分寸了。孔子三岁丧父,十七岁丧母,却能说出如此贴合子女之心的话,可见他的感受能力确有过人之处。

[4.22]

子曰:"古者言之不出,耻躬之不逮也。"

[白话]

孔子说:"古代的人说话不轻易出口,因为他们以来不及实践为可耻。"

[解读]

① 古者:古代的人努力言行合一。孔子心目中的古者,显然是经过选择,可以作为典范的人物。所以,我们不必想象是否所有古人皆是如此。

[4.23]

子曰:"以约失之者鲜矣。"

［白话］

孔子说:"因为自我约束而在做人处事上有什么失误,那是很少有的。"

［解读］

① 约:约束、收敛、节制,是指对自己的要求。孔子强调"约之以礼",参考［6.27］、［9.11］。

［4.24］

子曰:"君子欲讷(nè)于言而敏于行。"

［白话］

孔子说:"作为君子,就要努力在言语上谨慎迟钝,并且在行动上敏捷有效。"

［解读］

① 言:说话容易而实践困难,所以要两者兼顾,同时用功。这是比言行合一更进一步的要求,要行胜于言。

［4.25］

子曰:"德不孤,必有邻。"

［白话］

孔子说:"有德行的人是不会孤单的,他必定得到人们的亲近与支持。"

[解读]

① 必：必定。"必"字表明这是孔子的信念。为什么德不孤必有邻？因为人性向善，所以人们才"必定"亲近与支持有德者。若不首先相信人性是"向善"的，如何能说"必"字？

[4.26]

子游曰："事君数（shuò），斯辱矣；朋友数，斯疏矣。"

[白话]

子游说："服侍君主若是过于烦琐，就会招致侮辱；对待朋友若是过于烦琐，就会受到疏远。"

[解读]

① 数：烦琐。不能适可而止，以致好意反而造成不良后果。原则上，君与友都是我自己选择的，所以相处特别需要智慧。参考[12.23]。

公冶长　第五

[5.1]

子谓公冶长："可妻（qì）也，虽在缧（léi）绁（xiè）之中，非其罪也。"以其子妻之。子谓南容："邦有道不废，邦无道免于刑戮。"以其兄之子妻之。

[白话]

孔子谈到公冶长，说："可以把女儿嫁给他。虽然曾有牢狱之灾，但并不是他的罪过。"孔子把女儿嫁给了他。孔子谈到南容，说："国家政治上轨道，他不会没有官位；国家政治不上轨道，他可以避免受刑与被杀。"孔子把哥哥的女儿嫁给了他。

[解读]

① 公冶长：姓公冶，名长，字子长。鲁国人，为孔子学生，后为孔子女婿。
② 罪：指违法之罪。传说，公冶长是因为听得懂鸟语而被诬枉入狱。
③ 子：古代兼指儿女。"兄之子"，兄指孔子同父异母之兄（孟皮）较早过世，其女之婚嫁由孔子主持。这是古代婚嫁由父母之命、媒妁之言的惯例。

④ 南容：南宫适（kuò），又名韬，为孔子学生。参照［11.6］、［14.5］。
⑤ 道：轨道、正道、应行之道。有道与无道的区分，也须加上对趋势的考虑，看它是趋向有道还是无道。自古以来，所有的政治发展皆须动态地理解。

［5.2］

　　子谓子贱："君子哉若人！鲁无君子者，斯焉取斯？"

［白话］

　　孔子谈到子贱，说："这人是个君子啊！鲁国没有君子的话，他怎么找得到人帮他忙呢？"

［解读］

① 子贱：宓（fú）不齐，字子贱。鲁国人，小孔子三十岁。他治理单（shàn）父县时，德治教化为一时之盛。原因是他知人善任，同时也证明鲁国有不少人才。
② 《吕氏春秋·察贤》说："宓子贱治单父，弹鸣琴，身不下堂而单父治。"这是他善用人才的缘故。

［5.3］

　　子贡问曰："赐也何如？"子曰："女（rǔ）器也。"曰："何器也？"曰："瑚琏（liǎn）也。"

[白话]

　　子贡请教说:"赐的表现如何呢?"孔子说:"你是一种器具。""什么器具呢?"孔子说:"是宗庙里面贵重的瑚和琏。"

[解读]

① 器:有特定用途的器具。孔子肯定子贡是个专业人才,但是还须在成德上努力。参考 [2.12]。
② 瑚、琏都是宗庙里面的玉器,用来盛装黍稷。

[5.4]

　　或曰:"雍也,仁而不佞。"子曰:"焉用佞?御人以口给(jǐ),屡憎于人。不知其仁,焉用佞?"

[白话]

　　有人说:"雍这个人,可以行仁但是口才不够善巧。"孔子说:"何必需要口才善巧?以伶俐口才与别人争论,常常引起别人的厌恶。我不知道他是不是行仁,但是何必需要口才善巧?"

[解读]

① 雍:冉雍,字仲弓。鲁国人,小孔子二十九岁。列名于德行科 [11.3]。
② 仁:行仁。《论语》以"仁"字形容人品时,都有动态含义,亦即走在仁的道路上。简单来说,这是指"人之道"而言,还需要"择善固执"。仁如果是指"人之成"而言,则已达完美人格,当然是孔子所未见的。孔子从不轻易以仁称赞同代的人,他对自己也不例外。

③ 佞：口才善巧。孔子的学生有"言语"科，可见孔子并未忽视言语表达的重要。但是如果光是逞弄口才，就不值一谈了。

[5.5]

子使漆雕开仕。对曰："启斯之未能信。"子说。

[白话]

孔子安排漆雕开去做官。漆雕开回答说："启对于做官还没有信心。"孔子听了很高兴。

[解读]

① 漆雕开：姓漆雕，名开，原名启，小孔子十一岁。
② 启：学生自称其名，这是弟子与老师或长者说话的规矩。原文有"对曰"，可知是当面谈话，如此则不可能自称"吾"。《论语》中"对曰"一词用于弟子对老师或长辈，臣对君或上级官员的回答。原有作"吾"者，为误写。
③ 说：孔子高兴的原因是启能了解并反省自身，知道自己尚须进德修业，而不急着做官。这种自我要求的态度正是孔子所乐见的。参考［6.9］。

[5.6]

子曰："道不行，乘桴浮于海。从我者，其由与！"子路闻之喜。子曰："由也，好勇过我，无所取材。"

[白话]

孔子说:"我的理想没有机会实行,干脆乘着木筏到海外去。跟随我的,大概就是仲由吧!"子路听了喜形于色。孔子说:"仲由啊!你爱好勇敢超过了我,但是没有地方可以找到适用的木材啊!"

[解读]

① 道:就个人而言,是人生观或理想,亦即个人对于世间一切"应该如何"的体认。
② 海:浮于海的目的是要远赴海外,就像后来孔子"欲居九夷"[9.14]。孔子感叹自己的理想难以实现,子路却为了可以守护老师而喜,所以孔子以"无所取材"表示并非真要去国离乡。历代学者有解为"无所取裁"(谓子路无法裁断事理),有解为"无所取哉"(谓子路一无可取),皆为曲解。若子路不明事理或一无可取,则孔子如何可能会说"从我者,其由与"?
③ 取材:桴需要木材,去哪里找适用的木材呢?这里混合了事实与比喻,显示出师生共赴理想的相惜之情。
④ 孔子对子路的肯定,亦见于[9.27]、[12.12]。

[5.7]

孟武伯问:"子路仁乎?"子曰:"不知也。"又问。子曰:"由也,千乘之国,可使治其赋也,不知其仁也。""求也何如?"子曰:"求也,千室之邑,百乘之家,可使为之宰也,不知其仁也。""赤也何如?"子曰:"赤也,束带立于朝,可使与宾客言也,不知其仁也。"

[白话]

　　孟武伯请教："子路达到仁的标准了吗？"孔子说："我不知道。"他再度请教。孔子说："仲由啊，一个诸侯之国可以派他带领军队，但是我不知他是否可以行仁。""冉求，怎么样呢？"孔子说："求啊，一个卿大夫的领地可以派他担任家臣，但是我不知他是否可以行仁。""公西赤，怎么样呢？"孔子说："赤啊，他穿戴整齐在朝廷上，可以派他与贵宾谈话，但是我不知他是否可以行仁。"

[解读]

① 仁：孟武伯听说孔子称扬"仁"，又不知其意，所以举几位孔子的学生来请教。因此，他的问话是指比较空泛的"仁的标准"。
② 不知：孔子说不知，是因为仁为择善固执，要一生努力培养完美人格，必须到盖棺才能论定。"赋"：古代依田赋出兵，所以称兵为赋。
③ 赤：姓公西，名赤，字子华，又称公西华。鲁国人，小孔子四十二岁。由本章可知，孔子对学生的才干深有所知。子路可以带领诸侯国的军队，冉有可以担任大夫之家臣，公西华则可以出任外交官。

[5.8]

　　子谓子贡曰："女与回也孰愈？"对曰："赐也何敢望回？回也闻一以知十，赐也闻一以知二。"子曰："弗如也，吾与女弗如也。"

[白话]

　　孔子对子贡说："你与回，谁比较优秀？"子贡回答说："赐怎么敢和回相比？回听到一个道理可以领悟十个相关的道理，赐听到一个道理只能领悟两个相关的道理。"孔子说："是比不上，我与你都比不上。"

[解读]

① 闻一知十：一为数之始，十为数之终，颜回闻始知终，犹如对一个道理领悟透彻，触类旁通，无所遗漏。
② 闻一知二：对一个道理的领悟，有相当把握，但是不到透彻与周全的程度。子贡有自知之明，但孔子的结语何意？
③ 与：指我与你。孔子一句话同时肯定了两位学生。就老师不必各方面都胜过学生而言，孔子立下了表率。参看［7.11］。若以"与"为"赞同"，则孔子意为"我同意你的话，是赶不上"（杨伯俊《论语译注》），这种解法不合情理。学生才华各有所长，子贡在德行与好学上不及颜回，但亦有自身本事，孔子以"我与你都比不上"作结，才是正解（东汉包咸亦主此说）。

[5.9]

宰予（yú）昼寝。子曰："朽木不可雕也，粪土之墙不可圬（wū）也。于予与（yú）何诛？"子曰："始吾于人也，听其言而信其行；今吾于人也，听其言而观其行。于予与改是。"

[白话]

宰予在白天睡觉。孔子说："腐朽的木头没有办法用来雕刻，废土砌成的墙壁没有办法涂得平滑。我对予有什么好责怪的呢？"孔子又说："过去我对待别人，听到他的说法就相信他的行为；现在我对待别人，听到他的说法，还要观察他的行为。我是看到宰予的例子，才改变态度的。"

[解读]

① 昼寝：白天睡觉。除非生病或有特殊作息（如上夜班），否则白天睡觉就是志气昏惰的表现。以今天的情况来看，短暂的午睡应该不在此列。
② 诛：责怪。前两句比喻都是紧扣内心的真诚状态而言，木与墙都是由于本身素质不好，所以很难使之美化。
③ 言：宰我是言语科的高才生［11.3］，想必很容易言之有理，使孔子以为他可以言行合一，事实上却未必如此。参看［3.21］、［6.26］、［17.21］。所谓"以貌取人，失之子羽；以言取人，失之宰予"，意为：由外表来判断一个人，会错过子羽（澹台灭明）这样的人才（参考［6.14］）；由说话来判断一个人，则会受宰我的逗弄口才所骗。

[5.10]

子曰："吾未见刚者。"或对曰："申枨（chéng）。"子曰："枨也欲，焉得刚？"

[白话]

孔子说："我不曾见过刚强的人。"有人回答说："申枨就是一位。"孔子说："枨有不少欲望，怎么做得到刚强呢！"

[解读]

① 申枨：申堂，字周，鲁国人，孔子的学生。
② 刚：有欲不刚，无欲则刚。有欲则受制于外，无欲则无待于外，

但是又非消极无为，还须积极进取，并且不可陷于狂妄。参看〔17.8〕。
③ 关于孔子的"未见"，参看〔5.26〕解读①。

〔5.11〕

子贡曰："我不欲人之加诸我也，吾亦欲无加诸人。"子曰："赐也，非尔所及也。"

〔白话〕

子贡说："我不愿意别人加在我身上的，我也但愿自己不要加在别人身上。"孔子说："赐，这还不是你做得到的。"

〔解读〕

① 我：子贡表明自己的志向，目标就是孔子所说的"己所不欲，勿施于人"（〔12.2〕、〔15.24〕）。但是，这种志向说起来容易，做起来困难，要一生的努力才能证明。
② 非尔所及：除了这种目标很难达成之外，另外可能还因为子贡用了"吾亦欲"来表示"主动愿意"，因而比"勿施于人"之单纯的劝诫与禁止，更为困难。孔子的话不是浇冷水，而是提醒他不可低估挑战。

〔5.12〕

子贡曰："夫子之文章，可得而闻也；夫子之言性与天道，不可得而闻也。"

[白话]

子贡说:"老师在文献与修养方面的成就,我们有机会可以听到;老师关于人性与天道的说法,我们就没有机会听到了。"

[解读]

① 文章:表现于外的知与行,尤其指灿然可观者。
② 性:人性。孔子的"仁"是基于他对人性的观点,所提出的人生应行之道。有此性,才有此道,正如《中庸》所云"率性之谓道"。子贡感叹未曾听到老师直接谈论人性。参看[17.2]。
③ "天道"一词侧重的是天的客观规则与天对人世的祸福效应。"天命"则偏重人对天意的主观领悟与实践天意的责任,如孔子"五十而知天命"[2.4]。孔子的天命观如何由当时流行的天道观推衍而成,这是子贡想要了解的关键问题。因此,要想深入地明白仁与天命,必须先懂得性与天道。子贡能够同时提出这两点,已经难能可贵了。参考[17.19]。

[5.13]

子路有闻,未之能行,唯恐有闻。

[白话]

子路听了做人处事的道理,还未抵达能够实践的程度以前,就只怕自己又听到新的道理。

[解读]

① 行:做人处事是一生的考验,因此不可能实践了一个道理之后

再去实践另一个。至少要努力一段时日，有"能行"的把握以后，再去学习新的。人生道理重在实践，而不在多闻。

[5.14]

子贡问曰："孔文子何以谓之文也？"子曰："敏而好学，不耻下问，是以谓之文也。"

[白话]

子贡请教说："孔文子凭什么得到'文'的谥号？"孔子说："他聪明又爱好学习，并且不以放下身段向人请教为可耻，所以得到'文'的谥号。"

[解读]

① 孔文子：卫国大夫孔圉。
② 文：谥号之一，人死之后所得的名号。谥号有如一生言行的总结，通常总是取其优点来表彰。参考 [14.18] 解读①。关于"好学"，参看 [1.14]、[5.27]、[6.3]。

[5.15]

子谓子产："有君子之道四焉：其行己也恭，其事上也敬，其养民也惠，其使民也义。"

[白话]

孔子评论子产，说："他有四种行为合乎君子的作风：容貌态度保持恭谨，服侍君上出于敬意，照顾百姓广施恩惠，役使百姓合于分寸。"

[解读]

① 子产：郑国大夫公孙侨，字子产，在郑国担任执政卿相二十二年。
② 关于君子之道的另一说法，参看［14.28］。

[5.16]

子曰："晏平仲善与人交，久而敬之。"

[白话]

孔子说："晏平仲很懂得与人交往的道理，交往越久，别人越敬重他。"

[解读]

① 晏平仲：名婴，齐国大夫。孔子三十五岁时，前往齐国，齐景公有意任用他，后因晏婴反对而作罢。
② 敬：两个人交往久了，彼此关系非疏即亲，若能保持敬意，确实十分难得。

[5.17]

子曰："臧文仲居蔡，山节藻梲（zhuō），何如其知也？"

[白话]

孔子说："臧文仲供养大龟的屋子里，柱头刻成山的形状，梁上短柱则画着海藻,这怎么算得上大家所说的明智呢?"

[解读]

① 臧文仲:鲁国大夫臧孙辰,谥"文"。参看[15.14]。
② 蔡:国君之守龟。《尚书·洪范》谈到解决重大疑惑时,要靠天子、官员、百姓表达意愿,同时要使用卜与筮来测知天意。卜用龟壳,筮用蓍草。因此,大龟在古代极为珍贵。但无论如何,臧文仲的做法过了头,陷于迷信而不够理想。"山节藻棁"为天子之庙饰。

[5.18]

子张问曰:"令尹子文三仕为令尹,无喜色,三已之,无愠色。旧令尹之政,必以告新令尹。何如?"子曰:"忠矣。"曰:"仁矣乎?"曰:"未知,焉得仁?""崔子弑齐君,陈文子有马十乘,弃而违之。至于他邦,则曰:'犹吾大夫崔子也。'违之。之一邦,则又曰:'犹吾大夫崔子也。'违之。何如?"子曰:"清矣。"曰:"仁矣乎?"曰:"未知,焉得仁?"

[白话]

子张请教说:"楚国宰相子文,三次出任宰相,没有得意的神色,三次从宰相去职,也没有不悦的神色。去职时,一定把过去的政务,告诉接任的宰相。这个人怎么样?"孔子说:"尽忠职守。"再问:"他达到仁的标准了吗?"孔子说:"不知道,怎么能说是合乎行仁的要求了呢?""崔杼以下犯上,杀了齐庄公。陈文子有四十匹马,全部放弃了,离开齐国。到了一个国家不久,就说:'这里的执政者与我们的大夫崔子差不多。'再度离开。到了另一个国家,不久又说:'这里的执政者与我们的大夫崔子差不多。'然后又再离开。这个人怎么样?"孔子说:"洁身自爱。"再问:"他达到仁的标准了吗?"孔子说:"不知道,怎么能说是合乎行仁的要求了呢?"

[解读]

① 子文:斗氏,名谷於菟,子文为其字。楚国的宰相称为令尹。
② 崔子:崔杼,齐国大夫,弑其君庄公。此事发生于孔子四岁时,崔杼后来所立的是齐景公。
③ 陈文子:名须无,齐国大夫。
④ 仁:在子张看来,仁是坚持某一德行(如忠、清)到极高的程度,所以才提出这两个问题。因此,翻译为"仁的标准"。但是,孔子的回答却是侧重"行仁的要求",这是需要择善固执与盖棺论定的,不能只以一种德行来界定。

[5.19]

季文子三思而后行。子闻之曰:"再,斯可矣。"

[白话]

季文子每件事都要考虑许多次才去做。孔子听到这种描述,说:"考虑两次也就可以了。"

[解读]

① 季文子:季孙行父,鲁国大夫。他在孔子出生前十三年已卒,因此孔子所听到的是别人的描述。
② 三思:多想代表谨慎,但是想得太多可能错失行动的时机,或

者陷于犹豫不决。
③ 再：譬如，凡事要想该不该做？如何做？

[5.20]

子曰："宁（nìng）武子邦有道则知（zhì），邦无道则愚。其知可及也，其愚不可及也。"

[白话]

孔子说："宁武子在国家上轨道时，显得很明智；在国家不上轨道时，就变得很愚笨。他的明智，别人赶得上；他的愚笨，别人赶不上。"

[解读]

① 宁武子：宁俞，卫国大夫。他在卫成公有难时，不避艰险，辅佐国君。这是智巧之士不肯做的，因此被视为愚。
② 孔子此语是在称赞宁武子忠君爱国，不计毁誉。不同做法亦可参照 [15.7]。

[5.21]

子在陈，曰："归与！归与！吾党之小子狂简，斐然成章，不知所以裁之。"

[白话]

孔子在陈国时，说："回去吧！回去吧！我们家乡的学生们志向高远、行事简便，基本修养已经颇为可观了，只是还不知道裁度事理的原则。"

[解读]

① 陈：陈国。现在的河南淮阳县。
② 狂简，指志向与作风而言；"狂"字可参照[13.21]，"简"字可参照[6.2]。斐然成章是指经过一段时间的学习与努力，显示出可观的成绩；所以裁之，属于应用的范畴，犹如"择善"之"择"，必须靠孔子因材施教，随机提点。参照[13.21]。

[5.22]

子曰："伯夷、叔齐不念旧恶，怨是用希。"

[白话]

孔子说："伯夷与叔齐心中不记着别人过去的恶行，别人对他们的怨恨也就很少了。"

[解读]

① 伯夷、叔齐：殷代末年，孤竹国的国君之子，互以王位相让，先后逃往西伯姬昌（周文王）的领地，劝阻武王伐纣而未成，后来不愿食周粟，饿死于首阳山。
② 相关资料，参考[7.15]、[16.12]、[18.8]。

[5.23]

子曰："孰谓微生高直？或乞醯（xī）焉，乞诸其邻而与之。"

[白话]

孔子说:"谁说微生高直爽?有人向他要一点醋,他去向邻居要来给人。"

[解读]

① 微生高:姓微生,名高,鲁国人。姓微生者,另有一人,参看[14.32]。
② 乞:希望别人给,称之为乞,得到就会感激别人。微生高的作为也许是出于好意,但是自己没有而不坦白说清,就不能算是直爽。参照[13.18]。直爽的个性要如何修养呢?参考[8.2]、[17.8]、[17.24]。
③ 孔子说过"人之生也直"[6.19],意思侧重于以"直"为真诚与正直。

[5.24]

子曰:"巧言、令色、足(jù)恭,左丘明耻之,丘亦耻之。匿怨而友其人,左丘明耻之,丘亦耻之。"

[白话]

孔子说:"说话美妙动听,表情讨好热络,态度极其恭顺;左丘明认为这样的行为可耻,我也认为可耻。内心怨恨一个人,表面上却与他继续交往;左丘明认为这样的行为可耻,我也认为可耻。"

[解读]

① 左丘明:鲁国太史。"巧言令色"已见于[1.3],为不真诚的

表现,"足恭"则为过度恭顺,皆伪作以讨好人。
② 怨:人间恩怨十分复杂,前因后果纠缠不清。这时应该真诚省思与人交往时,是否内心藏着怨恨?朋友不能以直爽的态度相处,就是虚与委蛇,这样的交往不过是浪费生命而已。若是遇到不能不相处的情况(如同学、同事等),至少可以做到"不与之为友"。这些都显示出孔子对"真诚"的重视,参照[1.3]。

[5.25]

颜渊、季路侍。子曰:"盍各言尔志?"子路曰:"愿车马衣裘,与朋友共,敝之而无憾。"颜渊曰:"愿无伐善,无施劳。"子路曰:"愿闻子之志。"子曰:"老者安之,朋友信之,少者怀之。"

[白话]

颜渊与季路站在孔子身边。孔子说:"你们何不说说自己的志向?"子路说:"我希望做到把自己的车子、马匹、衣服、棉袍与朋友共用,即使用坏了也没有一点遗憾。"颜渊说:"我希望做到不夸耀自己的优点,不把劳苦的事推给别人。"子路说:"希望听到老师的志向。"孔子说:"使老年人都得到安养,使朋友们都互相信赖,使青少年都得到照顾。"

[解读]

① 无憾:不觉可惜或懊恼。子路认为朋友的情义远重于个人的财物,他已经把握了正确的价值观。
② 无伐善:颜渊志在自我修养,消除人我界限,走向无私的目标。

③ 安之：孔子的志向显然是大同境界，允称至善。
④ 孔子的价值观分为三个阶段：一是自我中心，以生存与发展为其目标。二是人我互动，以礼法与情义为其目标。三是超越自我，以无私与至善为其目标。子路志在情义，颜渊志在无私，孔子志在至善。
⑤ 只有把"善"界定为"我与别人之间适当关系之实现"，并且肯定"人性向善"，然后才能理解孔子之志。他要尽一己之力造福天下人，以此为志，也正是在实现向善人性之要求。

[5.26]

子曰："已矣乎，吾未见能见其过而内自讼者也。"

[白话]

孔子说："算了吧，我不曾见过能够看到自己的过失就在内心自我批评的人。"

[解读]

① 《论语》中，孔子宣称未曾见过的人至少有六种，除了本章以外，还有：一是好仁者、恶不仁者［4.6］；二是刚者［5.10］；三是好德如好色者［9.18］；四是蹈仁而死者［15.35］；五是隐居以求其志，行义以达其道之人［16.11］。仔细思考这几种未见之人的表现，可以了解孔子对世间的感叹。
② 关于"过"，参考［4.7］、［15.30］。关于"内自讼"，参考［4.17］。

[5.27]

子曰:"十室之邑,必有忠信如丘者焉,不如丘之好学也。"

[白话]

孔子说:"就是十户人家的小地方,一定有像我这样做事尽责又讲求信用的人,只是不像我这么爱好学习而已。"

[解读]

① 好学:孔子自称好学,并无自夸之意,他曾表示自己并非"生而知之"[7.20],必须努力学习才有心得。一般人若是忠信而不好学,就很难明白人生正途并坚持到底。
② 关于好学,可参看 [1.14]、[5.14]、[6.3]。

雍也 第六

[6.1]

子曰:"雍也,可使南面。"

[白话]

孔子说:"雍可以出任政治领袖。"

[解读]

① 南面:古代政治领袖的座位是面向南方的。《易经·说卦传》有"圣人南面而听天下,向明而治"一语可供参考。南面可用在天子、诸侯和卿大夫身上。这里是就冉雍(仲弓)的德行与能力发表评论,认为其可以胜任卿大夫一职。参照[6.6]。

[6.2]

仲弓问子桑伯子。子曰:"可也简。"仲弓曰:"居敬而行简,以临其民,不亦可乎?居简而行简,无乃大(tài)简乎?"子曰:"雍之言然。"

[白话]

　　仲弓请教有关子桑伯子的作风。孔子说:"子桑户凡事求简便。"仲弓再请教说:"本身态度严肃,行事力求简便,这样治理百姓,不就可以了吗?如果本身态度简便,行事也力求简便,岂不是太过于简便了?"孔子说:"雍的话是正确的。"

[解读]

① 子桑伯子:子桑户,名可。孔子所言"可也简"的"可"即指子桑户。类似的评论方式,参看[11.18]。

[6.3]

　　哀公问:"弟子孰为好学?"孔子对曰:"有颜回者好学,不迁怒,不贰过。不幸短命死矣。今也则亡(wú),未闻好学者也。"

[白话]

　　鲁哀公问孔子:"你的学生里面,谁是爱好学习的?"孔子回答说:"有一个叫颜回的爱好学习。他不把怒气发泄在不相干的人身上,也从不重复犯同样的过错。遗憾的是,他年岁不大,已经死了。现在没有这样的学生了,没有听说有爱好学习的人了。"

[解读]

① 颜回:死于鲁哀公十四年,时年孔子七十一岁。颜回比孔子小三十岁,得年四十一岁。颜回死后二年,孔子辞世,时在哀公十六年。
② 不迁怒:重在待人,所谓"己所不欲,勿施于人"[15.24];不贰过,则重在克己,所谓"日新又新"。两者都是高度的德行修养,可见孔子心目中的"好学"是以德行为首要目标的。

关于"好学",参看［1.14］、［5.14］、［5.27］。
③ 相关资料:［11.7］。

［6.4］

子华使于齐,冉子为其母请粟。子曰:"与之釜。"请益。曰:"与之庾。"冉子与之粟五秉。子曰:"赤之适齐也,乘肥马,衣轻裘。吾闻之也:君子周急不继富。"

［白话］

公西华奉派出使齐国,冉有替他的母亲申请小米。孔子说:"给他六斗四升。"冉有请求增加一些。孔子说:"再给他二斗四升。"结果冉有给了他八百斗。孔子说:"赤到齐国去,乘坐的是肥马驾的车,穿的是又轻又暖的棉袍。我听人说过:君子济助别人的穷急,而不增加别人的财富。"

［解读］

① 子华:公西赤,字子华,又名公西华,鲁国人,小孔子四十二岁。
② 釜、庾、秉:都是古代量器。孔子的原意是馈赠,所以给的不多,而冉有给的却相当于一年的薪资。当时孔子可能是鲁君的顾问,冉有担任出纳之职。冉有所做未必违法,但孔子认为也必须合乎情理。

［6.5］

原思为之宰,与之粟九百,辞。子曰:"毋!以与尔邻里乡党乎！"

[白话]

原思担任孔子家的总管，孔子给他小米九百斗，他不肯接受这么多。孔子说："不要推辞！多的可以济助家乡的穷人啊！"

[解读]

① 原思：原宪，字子思。小孔子三十六岁。此事应发生在孔子担任鲁国司寇之时，因为大夫之家可以任用家臣。原思当时未满二十岁。可对照 [14.1]。《庄子·让王》高度评价孔子的三位穷学生，就是原宪、曾参、颜回。孔子提醒原宪不必推辞合法的报酬，有钱可用以行善助人。
② 邻：五家为邻，二十五家为里，五百家为党，一万二千五百家为乡。

[6.6]

子谓仲弓，曰："犁牛之子骍（xīng）且角，虽欲勿用，山川其舍诸？"

[白话]

孔子谈到仲弓时，说："耕牛的后代，长着红色的毛与整齐的角，就算不想用它来祭祀，山川之神难道会舍弃它吗？"

[解读]

① 耕牛：可以耕田，但不够资格用来祭祀。周代尚赤，所以要用红毛牛。孔子的意思是人才不应问出身，都应该提拔出来做官。

② 山川：山川之神。祭祀需用骍且角的牛，表示做官等于牺牲，为社稷与百姓服务。参照［6.1］。

［6.7］

子曰："回也，其心三月不违仁，其余则日月至焉而已矣。"

［白话］

孔子说："颜回的心可以在相当长的时间内，不背离人生正途；其余的学生只能在短时间内做到这一点罢了。"

［解读］

① 心与仁不同，心可以做自觉的选择，仁是人之道。因此，心可以选择行仁，也可以选择不行仁。如果心选择行仁如此困难，为何人还须行仁？答案是人性向善，除了走上人生正途（择善固执）以外，我们别无出路。孔子描述自己"七十而从心所欲不逾矩"［2.4］，表明心的选择与人生正途终于合而为一。
② 三月：表示相当长的时间，如一个季节左右。"日月"则指时间短暂。
③ 连颜渊都只能做到"其心三月不违仁"，可见孔子并无"心本善"或"性本善"的想法。

［6.8］

季康子问："仲由可使从政也与？"子曰："由也果，于从政乎何有？"曰："赐也可使从政也与？"曰："赐也达，于从政乎何有？"曰："求也可使从政也与？"曰："求也艺，于从政乎何有？"

[白话]

　　季康子请教:"可以让仲由担任大夫吗?"孔子说:"由勇敢果决,担任大夫有什么困难呢?"又问:"可以让赐担任大夫吗?"孔子说:"赐识见通达,担任大夫有什么困难呢?"再问:"可以让求担任大夫吗?"孔子说:"求多才多艺,担任大夫有什么困难呢?"

[解读]

① 季康子:季孙肥。孔子自卫返鲁时,他任鲁国执政的卿,可以推荐人才出任大夫。周代各诸侯国在国君之下有卿、大夫、士三等。
② 从政:古代有"为政者君,执政者卿,从政者大夫"的说法。孔子肯定子路、子贡、冉有这三位学生都是政治人才。

[6.9]

　　季氏使闵子骞为费(bì)宰。闵子骞曰:"善为我辞焉!如有复我者,则吾必在汶(wèn)上矣。"

[白话]

　　季氏想派闵子骞担任费邑的县长。闵子骞对传达的人说:"好好地替我辞掉吧!如果再有人来找我,我一定逃到汶水以北去。"

[解读]

① 闵子骞:闵损,字子骞,孔子的学生,小孔子十五岁。列名于德行科[11.3]。参照[11.5]。
② 费:季氏采邑,位于山东费县西北二十里。季氏僭礼乐、逐昭公,数代把持朝政。闵子骞避之唯恐不及。

③ 汶上：山东的大汶河，过此向北即是齐境。

[6.10]

伯牛有疾，子问之，自牖（yǒu）执其手，曰："亡之，命矣夫！斯人也而有斯疾也！斯人也而有斯疾也！"

[白话]

伯牛生病了，孔子去探望他，从窗户握着他的手，说："我们要失去他了，这是命啊！这样的人竟得了这样的病！这样的人竟得了这样的病！"

[解读]

① 伯牛：冉耕，字伯牛，鲁国人，小孔子七岁，列名于德行科 [11.3]。他的资料在《论语》中只出现这一次。
② 执其手：有人认为这是孔子在为伯牛把脉，此事并非不可能。参照 [10.16]。
③ 命：不以人的意志为转移，又不是人的理智可以说明的，总称为命。命指被动的、盲目的、无可奈何的命运，参考 [12.5]。"天命"则是人们自觉的使命可以归之于天者。孔子学说的重点之一，是使人在面对命运时，仍可领悟自己的天命，参考 [2.4]。

[6.11]

子曰："贤哉回也！一箪（dān）食（sì），一瓢饮，在陋巷，人不堪其忧，回也不改其乐。贤哉回也！"

[白话]

　　孔子说:"颜回的德行真好啊!一竹筐饭,一瓢水,住在破旧的巷子里,别人都受不了这种生活带来的忧愁,他却不改变自己原有的快乐。颜回的德行真好啊!"

[解读]

① 忧:穷困的生活使人忧愁不已。但是,如果追求舒适的生活,又没有止境,怎么办呢?一箪食:食(sì)为饭。
② 乐:颜渊的原则是只要活着就快乐。所乐的是走在人生正途上,完成人性向善的天赋使命。人的尊严就在这种"乐"中得到充分的肯定。参照[1.15]"贫而乐道"一语。孔子自己也有同样的体验,见[7.16]。孔子两称"贤哉回也",这是对弟子的最高肯定了。参照[7.11]。

[6.12]

　　冉求曰:"非不说(yuè)子之道,力不足也。"子曰:"力不足者,中道而废。今女画。"

[白话]

　　冉求说:"我不是不喜欢老师的人生观,只是我的力量不够。"孔子说:"力量不够的人,走到半路才会放弃。现在你却是画地自限。"

[解读]

① 道:人生观、理想、学说,皆可说是一个人的道。孔子的道,是要人择善固执以成就完美人格,所以冉有会有力量不够的想法。

② ［11.22］孔子说："求也退，故进之。"可见冉求确有退缩不前的毛病。此外，孔子也说过"我未见力不足者"［4.6］。

［6.13］

子谓子夏曰："女为君子儒，无为小人儒。"

［白话］

孔子对子夏说："你要做个气度恢弘的学者，不要做个志趣褊狭的学者。"

［解读］

① 君子与小人，在此既不指德也不指位，而是就器量与见识而言。这种用法的相关例子是君子与野人的对举，可参看［11.1］。
② 儒：《周礼·司徒》："师以德行教民，儒以文艺教民。"可见早已有儒这种教书行业。在当时可理解为学者。

［6.14］

子游为武城宰。子曰："女（rǔ）得人焉耳乎？"曰："有澹（tán）台灭明者，行不由径，非公事，未尝至于偃之室也。"

［白话］

子游担任武城的县长。孔子说："你在这里找到了什么人才吗？"他说："有一个叫澹台灭明的，他走路时不抄近路，若不是公事，也从不到我屋里来。"

[解读]

① 澹台灭明：字子羽，小孔子三十九岁。子游说这话时，他可能尚未进入孔子门下学习。据说此人相貌不佳，所谓"以貌取人，失之子羽"，即指他而言。
② 行：由这两句描述，可知此人的奉公守法与有所不为，的确是个政治人才。

[6.15]

子曰："孟之反不伐，奔而殿，将入门，策其马曰：'非敢后也，马不进也。'"

[白话]

孔子说："孟之反不夸耀自己。鲁军战败撤退时，他负责殿后，将进城门时，鞭策着马匹说：'不是我敢殿后，是马不肯快走啊！'"

[解读]

① 孟之反：孟之侧，字之反，鲁国大夫。
② 不伐：哀公十一年，鲁曾与齐战而败，孟之反殿后。败军之将，不可言勇，他的话也许有这样的意思。只要做到实事求是，自然就无所谓夸耀自己了。

[6.16]

子曰："不有祝鮀（tuó）之佞，而有宋朝（zhāo）之美，难乎免于今之世矣。"

[白话]

孔子说:"不重视祝鮀的口才,却重视宋朝的美貌,卫国在当前各国争强的形势下,恐怕免不了灾祸了。"

[解读]

① 祝鮀:卫国大夫,字子鱼。祝鮀是掌管宗庙的官。
② 宋朝:宋国公子,名朝,当时的美男子。投奔卫国,为南子所宠。
③ 难乎:此句所引二人皆为卫国当时的名人,因此主语应为卫国。卫灵公亡后,卫国内乱频仍,正为孔子不幸而言中。
④ "有"意为"亲而用之",可译为"重视"而不可译为"拥有",是因为若译为"拥有",则试问天下几人拥有宋朝之美,而孔子这句话就不易索解了。

[6.17]

子曰:"谁能出不由户?何莫由斯道也?"

[白话]

孔子说:"谁能走出屋外而不经由门户?为什么做人处事却不经由我所提供的正途呢?"

[解读]

① 道:孔子用比喻来说明他的道是人生正途,他同时感叹一般人无法依道而行。

[6.18]

子曰:"质胜文则野,文胜质则史。文质彬彬,然后君子。"

[白话]

孔子说:"质朴多于文饰,就会显得粗野;文饰多于质朴,就会流于虚浮。文饰与质朴搭配得宜,才是君子的修养。"

[解读]

① 质:未经加工的质朴,朴实淳厚,但易显得粗野。
② 文:后天习得的文饰,华丽可观,但易流于虚浮。
③ 君子:指君子的修养而言,侧重于文质搭配的过程与心得。参考 [12.8]。

[6.19]

子曰:"人之生也直,罔之生也幸而免。"

[白话]

孔子说:"人活在世间,原本应该真诚;没有真诚而能活下去,那是靠着侥幸来免于灾祸。"

[解读]

① 直:真诚。只要真诚,人就会顺着向善的人性,走上择善固执的人生正途。在此,以"真诚"解释"直"较为合理。"直"译为"直爽"的例子,可参考 [5.23]、[8.2]、[13.18]、[17.8]。
② 幸:不走人生正途的,就要靠运气活下去了。世间靠运气的人

何其多啊！
③ 参照［17.2］解读①。

［6.20］

子曰："知之者不如好之者，好之者不如乐之者。"

［白话］

孔子说："了解做人处事的道理，比不上进一步去喜爱这个道理；喜爱这个道理，比不上更进一步乐在其中。"

［解读］

① 好之：喜爱一种道理，自然会付诸实践，所以这是由知而行。
② 乐之：乐在其中。这是从知与行提升到"我与道理合而为一"的境界，把"应该"去做的转化为"自然"去做的。孔子的意思是鼓励我们：由学习而变化气质与培养风格。

［6.21］

子曰："中人以上，可以语上也；中人以下，不可以语上也。"

［白话］

孔子说："中等的人愿意上进，就可以告诉他们高深的道理；中等的人自甘堕落，就没有办法告诉他们高深的道理了。"

［解读］

① 中人：中等的人。由于中人的判断标准并不清楚，所以译文重

点为"以上、以下"（意思是而上、而下），依中人之上进与下堕为标准。参考［17.3］。

② 上：高深的道理，如"仁"。

[6.22]

樊迟问知。子曰："务民之义，敬鬼神而远之，可谓知矣。"问仁。曰："仁者先难而后获，可谓仁矣。"

[白话]

樊迟请教什么是明智。孔子说："专心做好为百姓服务所该做的事，敬奉鬼神但是保持适当的距离，这样可以说是明智了。"他又请教什么是行仁。孔子说："行仁的人先努力辛苦耕耘，然后才收获成果，这样可以说是行仁了。"

[解读]

① 对鬼神"敬而远之"的态度自古就有，而非始于孔子。《礼记·表记》说："周人遵礼尚施，事鬼敬神而远之。"这种态度提醒人不可"不问苍生问鬼神"，而应该在尊敬鬼神的同时保有人的责任意识，这样才算明智。孔子在此显然并无否定或怀疑鬼神的意思。参照［2.24］。

② 仁：行仁，或者译为"人生正途"。孔子对于学生问仁所提供的答案各不相同。樊迟先后三次问仁，答案也不相同。参照［12.22］、［13.19］。何以如此？因为人生正途在于择善固执，而择善的方法不能脱离个人生命的具体处境，所以孔子不但因材施教，也因时因地因事因状况而提供答案，希望弟子由此增益明智的抉择能力，可以举一反三，自行走上人生正途。

[6.23]

子曰:"知者乐(yào)水,仁者乐山。知者动,仁者静。知者乐(lè),仁者寿。"

[白话]

孔子说:"明智的人爱好流水,行仁的人爱好高山。明智的人与物推移,行仁的人安稳厚重。明智的人常保喜乐,行仁的人得享天年。"

[解读]

① 知者与仁者并列,指明智的人与行仁的人。孔子教学生并不是分知与仁两科,而是全以行仁为主,而知者是走向仁者的必经之路。知者懂得如何"择善",而仁者才能"固执"到底。乐水与乐山之乐(yào)为喜爱、爱好。

② 仁者:行仁的人。他的表现,综合而言能乐水,还能乐山;能动,还能静;能乐,还能寿。这里的"还能"是关键所在。

[6.24]

子曰:"齐一变,至于鲁;鲁一变,至于道。"

[白话]

孔子说:"齐国只要一改善,就可以达到鲁国的教化水准;鲁国只要一改善,就可以达到周初的王道理想。"

[解读]

① 齐:周初封姜太公于齐国。春秋初期,齐桓公为五霸之首,而教化水准却有待改善。

② 鲁：周初封周公于鲁国。鲁国以重视教化闻名于各诸侯国。
③ 道：周初的王道理想。本章所论与当时背景有关，意在指出教化之改善有渐进的步骤，最后的目标则是道。

[6.25]

子曰："觚（gū）不觚，觚哉！觚哉！"

[白话]

孔子说："觚这种酒器已经不像个有棱有角的觚了。这还是个觚吗？这还是个觚吗？"

[解读]

① 觚：古代酒器，可装二升酒，形状上圆下方，腹部有棱角。后来棱角变成圆形，仍名为觚，已是名不副实。孔子的感叹，还有一个原因，就是觚的容量有限，可以戒人少饮，而当时的风气是用觚盛酒却未必少饮。

[6.26]

宰我问曰："仁者，虽告之曰'井有仁焉'，其从之也？"子曰："何为其然也？君子可逝也，不可陷也；可欺也，不可罔也。"

[白话]

宰我请教说："行仁的人，若是告诉他'井里有仁可取'，他是否跟着跳下去呢？"孔子说："他怎么会这么做呢？对一个君子来说，你可以让他过去，却不能让他跳井；你可以欺骗他却里有仁可取,却不能诓赖他分辨不了道理。"

[解读]

① 仁者:行仁的人。宰我大概听说了杀身成仁的观点,所以设想一种情况来请教老师。他显然不清楚行仁者的作为,所以孔子回答时只说"君子",意思是君子尚且不会这么天真与愚昧,随便牺牲生命,更何况是行仁者了。
② 孔子对宰我的教诲,参照[3.21]、[5.9]、[17.21]。

[6.27]

子曰:"君子博学于文,约之以礼,亦可以弗畔矣夫!"

[白话]

孔子说:"有志成为君子的人,广泛学习文献知识,再以礼来约束自己的行为,这样也就不至于背离人生正途了。"

[解读]

① 君子:有志于成为君子者。这些文句,都应以动态的过程观点来理解。不然的话,既然已是君子,又怎么还需要这一类的叮咛?
② 畔:通"叛"。指背离人生正途。
③ 本章亦见于[12.15]。颜渊受教于孔子,也有类似体验[9.11]。

[6.28]

子见南子,子路不说(yuè)。夫子矢之曰:"予所否者,天厌之!天厌之!"

[白话]

　　孔子应邀与南子相见,子路对此很不高兴。孔子发誓说:"我如果做得不对的话,让天来厌弃我吧!让天来厌弃我吧!"

[解读]

① 南子:卫灵公夫人,想要孔子帮忙参政,又无真心任用之意。孔子周游列国到了卫国,卫灵公夫人南子正式约见孔子,于礼不该拒绝。子路大概还记得"名不正,则言不顺"[13.3]的教训,所以无法释怀。
② 矢:发誓。由誓词可见孔子所信者为天。
③ 天:孔子对于自己的行为合乎天命,甚为自信,所以会说"予所否者,天厌之"。参考[11.9]解读②。

[6.29]

　　子曰:"中庸之为德也,其至矣乎!民鲜久矣。"

[白话]

　　孔子说:"中庸这种德行,实在是最高的了!长期以来,百姓很少有能做到的。"

[解读]

① 中庸:就选择行为之恰到好处,可名为"中";就日常生活之长期坚持,可名为"庸"。合而言之,即是择善固执,也就是人生正途。可以参考《中庸》一书的说法。详细讨论请见傅佩荣《解读〈大学〉〈中庸〉》。

[6.30]

子贡曰:"如有博施于民而能济众,何如?可谓仁乎?"子曰:"何事于仁,必也圣乎!尧舜其犹病诸!夫仁者,己欲立而立人,己欲达而达人。能近取譬,可谓仁之方也已。"

[白话]

子贡说:"如果有人普遍照顾百姓又能确实济助众人,这样如何呢?可以称得上行仁吗?"孔子说:"这样何止称得上行仁,一定要说的话,已经算是成圣了!连尧舜都会觉得难以做到啊!所谓行仁,就是在自己想要安稳立足时,也帮助别人安稳立足,在自己想要进展通达时,也帮助别人进展通达。能够从自己的情况来设想如何与人相处,可以说是行仁的方法。"

[解读]

① 圣:圣是对仁的第三义"人之成"的描述。人之成,必有伟大的效应,即由于一人"充分实现"其向善之性,导致天下大同。这里要补充说明的是"善"是人与人之间适当关系之实现。一人与天下人之间皆有关系,博施济众是一切人际关系之圆满实现,通常只有帝王可以做到,尧舜正是这样的帝王,但天下人生生不息,所以连尧舜也明白至善之不易。如果不从上述"善"的定义来理解,是无法说明孔子的意思的。我们一再以"行仁"来译"仁",并且强调其为动态的过程,在此章也可以得到印证。关于"尧舜其犹病诸",参照 [14.42]。
② 能近取譬:就是推己及人,设身处地去关心别人。如此才能做到"己所不欲,勿施于人",再进一步求其立人与达人。

述而 第七

[7.1]
　　子曰："述而不作，信而好古，窃比于我老彭。"

[白话]
　　孔子说："传述而不创作，对古代文化既相信又爱好，我想自己很像我们的老彭吧。"

[解读]

① 关于"述而不作"，可参考：一、《中庸》谈到礼乐之作，必须"有其德有其位"如周公者；二、司马迁《史记·孔子世家》说："中国言六艺［六经］者，折中于夫子。"三、朱熹注说："孔子删诗书，定礼乐，赞周易，修春秋，皆传先王之旧，而未尝有所作也，故其自言如此。"

② 孔子对古（传统文化）既信且爱，并且"敏而求之"［7.20］；然后以此教育弟子，温故知新，创立儒家以承先启发。其使命为承礼启仁。

③ 窃：谦词。我，亲近之意。老彭：殷代大夫，事迹不可考，作风大概就是孔子此处所描述的。孔子是殷人后代，所以提起老彭倍感亲切。

[7.2]

子曰:"默而识(zhì)之,学而不厌,诲人不倦,何有于我哉?"

[白话]

孔子说:"默默存思所见所闻,认真学习而不厌烦,教导别人而不倦怠,做到这三件事,其他一切与我有何关系呢?"

[解读]

① 默而识之:孔子十五岁立志求学,未曾间断,博闻强记而为人所服。《史记·孔子世家》记载当时几件难解之事(如土中怪物、超长人骨、肃慎之矢),皆得请教孔子而明白。至于古代经典更不待言。其次,学而不厌:孔子自认好学过人[5.27];然后,诲人不倦:孔子自谓如此[7.34]。

② 因此,上述三事直接与孔子的教学工作有关,无所谓困难或容易。历代注家有的强调其难(朱注:何者能有于我?),有的强调其易(郑玄注:我独有之)。事实上,孔子此语意在说明:只要尽好本分,做个称职的老师,也即是做到这三件事,则其他世间一切与我有何关系呢?这是尽忠职守的观念,也有"不在其位不谋其政"[8.14]的意思。

③ 何有于我哉:欲知此语,须回溯尧时《击壤歌》:"日出而作,日入而息,凿井而饮,耕田而食,帝力于我何有哉?"意为百姓各尽其职,则帝王威权"与我有何关系"?在此"于我何有"亦可写为"何有于我"(参考清朝所编《御批历代通鉴辑览》所引之"击壤歌")。孔子在[9.16]以同样语句说了四件分内该做之事,可以对照参考。

[7.3]

子曰:"德之不修,学之不讲,闻义不能徙,不善不能改,是吾忧也。"

[白话]

孔子说:"德行不好好修养,学问不好好讲习,听到该做的事却不能跟着去做,自己有缺失却不能立刻改正。这些都是我的忧虑啊。"

[解读]

① 本章提及四件事,前两件是德与学,所用的是"不"字,表示主动性不够,应该增强的是志向。换言之,修德与讲学是每一个人只要"愿意",就可以做到的。后两件事,用的是"不能",表示落实在具体生活中,无论迁善或改过,都是在愿意之外,还须"努力",并且需要终身行之。

② 忧:忧虑,意思是最为关切者。不是孔子做不到这四件事,而是他对这四者念兹在兹,并且永不懈怠。由此可见,孔子如何日新又新,自强不息,他对人性的看法自然也不会是天真的"本善论"了。

[7.4]

子之燕居,申申如也,夭夭如也。

[白话]

孔子平日闲暇时,态度安稳,神情舒缓。

[解读]

① 燕居：闲居。譬如休闲时的居家生活。申申、夭夭，和舒之貌。这里彰显了"君子坦荡荡"[7.37]的心境。

[7.5]

子曰："甚矣吾衰也！久矣吾不复梦见周公。"

[白话]

孔子说："我实在太衰老了，竟然很久都没有梦见周公了。"

[解读]

① 梦见：有思则有梦，表示孔子志在学习周公，既能匡正天下，又能制礼作乐。
② 周公：姬旦，周文王之子，武王之弟。武王死后，周公辅佐武王之子成王，奠定周朝的基业。
③ 孔子的类似感叹，见[9.9]。

[7.6]

子曰："志于道，据于德，依于仁，游于艺。"

[白话]

孔子说："立志追求人生理想，确实把握德行修养，绝不背离人生正途，自在涵泳艺文活动。"

[解读]

① 道：人生的康庄大道，指人生理想或完美人格，所以要立志追求。参照［4.9］。
② 德：个人的德行修养，修德之原则相同而程度却各自有别，所以要确实把握。参照［7.3］。
③ 仁：在个人身上显示的人生正途，侧重于择善固执，所以要绝不背离。参照［6.7］。
④ 艺：礼乐射御书数六艺，可以统称为艺文活动，所以要自在涵泳。参照［9.7］。

[7.7]

子曰："自行束脩以上，吾未尝无诲焉。"

[白话]

孔子说："从十五岁以上的人，我是没有不教导的。"

[解读]

① 行束脩：古代十五岁的成童，行束脩之礼（以十条干肉为礼）以入大学，后来引申为指年龄。东汉郑玄尚知此说，见《后汉书·延笃传》的李贤注所引。参考［10.8］"沽酒市脯，不食"一语。
② 自：《十三经》之中并无"自行……以上"的句法。古人说"自……以上"，皆指数字之增加，并且主要用于年龄，如《周礼·秋官司寇》的"自生齿（一岁）以上，皆书于版"。这一点并无例外，所以孔子的话是表示有教无类，而与薄礼、学费、敬意、诚心等无关。本章侧重的不是学生的态度，而是孔子身

为老师的心愿。

③ 参照[7.29]"童子见，门人惑"，童子未满十五岁，故门人惑。[9.8]"有鄙夫问于我"，鄙夫年十五以上而未送干肉，孔子依然教诲之。

[7.8]

子曰："不愤不启，不悱不发。举一隅不以三隅反，则不复也。"

[白话]

孔子说："不到他努力想懂而懂不了，我不去开导；不到他努力想说而说不出，我不去引发。告诉他一个角落是如此，他不能随之联想到另外三个角落也是如此，我就不再多说了。"

[解读]

① 愤：想懂而懂不了，心中难免愤愤，所以读书要发愤用功。
② 悱：想说而说不出，找不到合适的词语，所以特别需要老师指点。孔子的"启发式"教学必须以学生自己有心向上为前提。
③ 一隅：举一反三是就联想力而言，也是学习的重要方法。

[7.9]

子食于有丧者之侧，未尝饱也。

[白话]

孔子在家有丧事的人旁边吃饭时，从来不曾吃饱过。

[解读]

① 有丧者：家有丧事的人，由其服饰可知。孔子曾以帮人办理丧事为业，所以会遇到这样的场合。他的同情心自然流露出来，心中悲伤，所以从来不曾吃饱过。
② 孔子确实曾以助丧为业，所以他会提醒自己"丧事不敢不勉"［9.16］。若有朋友过世而无人处理后事，他就说"于我殡"［10.22］。

[7.10]

子于是日哭，则不歌。

[白话]

孔子在这一天哭过，就不再唱歌了。

[解读]

① 哭：感情自然流露。有感而发或触景生情，都可能使人落泪。由本章所言，可知孔子的"哭"并不罕见，也不在意被人知道。
② 歌：哭则不歌，表示不哭就"有可能"歌，并且这样的歌必是欢愉和乐的。由此可知孔子不但感情丰富，而且很能自得其乐。参照［7.32］。

[7.11]

子谓颜渊曰："用之则行，舍之则藏，唯我与尔有是夫。"子路曰："子行三军则谁与？"子曰："暴虎冯（píng）河，死而无悔者，吾不与也。必也临事而惧，好谋而成者也。"

[白话]

　　孔子对颜渊说："有人任用，就发挥才能；没人任用，就安静修行；只有我与你可以做到吧！"子路说："老师率领军队的话，要找谁同去？"孔子说："空手打虎，徒步过河，这样死了都不后悔的人，我是不与他同去的。一定要找同去的人，那就是面对情势戒慎恐惧，仔细筹划以求成功的人。"

[解读]

① 用：任用权在别人，如何因应则在自己，孔子认为这是极其困难的挑战。一般人是易"行"难"藏"。
② 行：即使是率领三军（大国有三军，每军一万二千五百人），也不能有勇无谋。这句话说明"行"也不容易。参考［9.26］。孔子对颜渊的肯定，参看［5.8］、［6.11］。

[7.12]

　　子曰："富而可求也，虽执鞭之士，吾亦为之。如不可求，从吾所好。"

[白话]

　　孔子说："财富如果可以求得，就算在市场担任守门卒，我也去做。如果无法以正当手段求得，那么还是追随我所爱好的理想吧。"

[解读]

① 可与不可是就手段而言，亦即手段是否正当。依周礼，两种人执鞭：一是在天子、诸侯出行时，为之开道者；二是在市场担

任守门卒。后者较有赚钱机会。在此，执鞭之士是指市场守门卒，表示只要手段正当，再辛苦、再卑微的工作都无妨。孔子对财富的态度参看［4.5］、［7.15］。
② 所好：所好者不是财富，而是原则或理想。财富是附加于人生的，可多可少。

［7.13］

　　子之所慎：齐（zhāi），战，疾。

［白话］

　　孔子以慎重态度对待的三件事是：斋戒、战争、疾病。

［解读］

① 齐：斋戒，就是祭祀之前整洁身心，以示庄敬。将其排在第一位，表明孔子对鬼神的诚敬态度，已经成为他的生活特色了。若无信仰，何能如此？参考［3.12］。
② 战：战争决定国家的兴衰荣辱与个人的生死存亡，岂可不慎？孔子肯定管仲，是因为他化解了征伐杀戮。见［14.16］、［14.17］。
③ 疾：个人应该珍惜生命，以完成人生理想。孔子小心饮食［10.8］，并且安心养病［10.16］。

［7.14］

　　子在齐闻《韶》，三月不知肉味，曰："不图为乐（yuè）之至于斯也。"

[白话]

孔子在齐国聆听《韶》乐的演奏,有一段相当长的时间食肉而不知其味,于是他说:"想不到制作音乐可以到达这么完美的地步。"

[解读]

① 孔子是鲁国人,崇尚礼乐,为何到了齐国才闻《韶》?依《汉书·礼乐志》,"春秋时,陈公子完奔齐。陈、舜之后,韶乐存焉。"原来是陈完把舜时的韶乐(包含乐曲、乐师、乐器等)带到齐国,因而保存了这份文化结晶。陈氏在齐,后称田氏,最后篡了齐王之位。韶乐之完美,参看[3.25]。

② 三月:表示一段相当长的时间,譬如一个季节左右。肉味:人的感官是相通的,若是其中一种受到强烈的震撼,其他的就暂时不够灵敏。"用心"所在,就会使人暂时忽略其他官能。

[7.15]

冉有曰:"夫子为(wèi)卫君乎?"子贡曰:"诺,吾将问之。"入,曰:"伯夷、叔齐何人也?"曰:"古之贤人也。"曰:"怨乎?"曰:"求仁而得仁,又何怨?"出,曰:"夫子不为也。"

[白话]

冉有说:"老师会帮助卫君吗?"子贡说:"好,我去请教他。"子贡走进屋子,说:"伯夷、叔齐是什么样的人?"孔子说:"古代的有德之士。"子贡说:"他们会抱怨自己的遭遇吗?"孔子说:"他们所求的是行仁,也得到了行仁的结果,还抱怨什么呢?"子贡走出屋子,说:"老师不会帮助卫君。"

[解读]

① 卫君：卫出公，名辄，为灵公之孙，太子蒯聩之子。蒯聩得罪南子，逃往晋国。三年后，灵公死，其孙辄被立为君。晋国送蒯聩回国，乘机侵卫，卫国抵抗晋兵，阻止蒯聩回国。这是父子争国的局面。

② 伯夷、叔齐是商末孤竹国君的两个儿子。孤竹君留下遗命要立次子叔齐为继承人。叔齐让位给伯夷，伯夷不受，叔齐也不愿登位，二人先后逃到首阳山。这是兄弟让国的故事。他们若是无怨，表明孔子不认同卫国目前的局面，自然不会介入了。

③ 贤人：有德之士，志在行仁者。孔子评价古人"得仁"的，也极为少见。参照[5.22]、[16.12]、[18.8]。

[7.16]

子曰："饭疏食，饮水，曲肱而枕之，乐亦在其中矣。不义而富且贵，于我如浮云。"

[白话]

孔子说："吃的是粗食，喝的是冷水，弯起手臂做枕头，这样的生活也有乐趣啊！用不正当的手段得来的富贵，对我就好像浮云一样。"

[解读]

① 乐：一个人活着，只要具备最基本的生活条件，照样可以快乐。这种快乐是走在人生正途上的效应，其明确目标是"从心所欲不逾矩"[2.4]。若能进而兼善天下，与民同乐，更是足以快慰平生。参照[6.11]。

[7.17]

子曰:"加我数年,五十以学《易》,可以无大过矣。"

[白话]

孔子说:"让我多活几年,到五十岁时专心研究《易经》,以后就不会有大的过错了。"

[解读]

① 《易》:孔子自十五岁志于学,并且终身学不厌,因此我们没有理由说他五十以前不曾学过《易经》,何况他早已知道学习之后可以无大过。本章所谓"学",是谦词,意思是专心研究,并且把心得应用于生活中,然后成效自明。至于"无大过",则是自勉之语,唯有如此戒慎,才可日进于德。《论语》直接引用《易经》的可见 [13.22]。

② 《易经》的占验之辞中,最常见的是"无咎",意为"善补过者也"。如此,则自然可以做到"无大过"。至于小过,则谁能免?参考 [7.3]、[7.31]。

[7.18]

子所雅言,《诗》《书》、执礼,皆雅言也。

[白话]

孔子在读《诗经》《书经》与执行礼仪时,都说当时通行的语言。

[解读]

① 雅言:雅正之言,不同于当时各国的方言。雅言即正式官话,

当时中国所通行的语言。

[7.19]

叶（shè）公问孔子于子路，子路不对。子曰："女奚不曰：'其为人也，发愤忘食，乐以忘忧，不知老之将至云尔。'"

[白话]

叶公问子路孔子的为人，子路没有回答。孔子说："你为什么不这样说：'他这个人，发愤用功就忘记了吃饭，内心快乐就忘记了烦恼，连自己快要衰老了都不知道，如此而已。'"

[解读]

① 叶公：沈诸梁，字子高，楚国大夫，担任叶地县长。楚君称王，大夫也跟着称公。传言中的"叶公好龙"即指此君。
② 不对：子路没有回答，可能是因为很难描述像孔子这样的人物。孔子自我描述中显示的忘食、忘忧、忘老等境界，正是一般人无法化解的难题。

[7.20]

子曰："我非生而知之者，好古，敏以求之者也。"

[白话]

孔子说："我不是生来就有知识的，我是爱好古代文化，再勤奋敏捷地学习以获取知识。"

[解读]

① 生而知之:孔子以博学知名,也许有人以为他是生而知之,因而有这一段说明。我们要效法的,是"敏以求之"。参照[7.1]。
② 孔子确实认为有"生而知之"[16.9]的人。此时所知者,并非日常生活的知识,而是做人处事的道理。

[7.21]

子不语怪、力、乱、神。

[白话]

孔子不谈论有关反常的、勇力的、悖乱的、神异的事情。

[解读]

① 不语:不谈论,并不表示没有这些事。参照"子罕言"[9.1]。
② 怪:反常的事使人迷惑,勇力的事使人忘德,悖乱的事使人不安,神异的事使人妄想。
③ 神:神异之事,与迷信有关者。在此并非指古代所信的鬼神。事实上,孔子多次谈及鬼神,参考[2.24]、[6.22]、[8.21]。

[7.22]

子曰:"三人行,必有我师焉:择其善者而从之,其不善者而改之。"

[白话]

孔子说:"几个人一起走路,其中一定有我可以效仿的:我选择他们的优点来学习,看到他们的缺点就警告自己不要学坏。"

[解读]

① 三人:少数几个人。意思是处处留心皆学问。参考[4.17]。

[7.23]

子曰:"天生德于予,桓魋(tuí)其如予何?"

[白话]

孔子说:"天是我这一生德行的来源,桓魋又能对我怎么样呢?"

[解读]

① 桓魋:向魋,又称桓魋,为宋国司马(军事统帅)。当时孔子五十九岁,是知天命之后努力顺天命的时期,因此遇到生命危险,立即诉之于天。参照[9.5]。
② 德:德是自己修养的成果,但是为何要修德?对孔子来说,是因为了解人性,以及知天命与顺天命,所以这种成果最根本的来源是天。参考[11.9]解读②。若以"德"为字面上所说的"天生",则应该人人皆有,那么孔子凭什么说"桓魋其如予何"?

[7.24]

子曰:"二三子以我为隐乎?吾无隐乎尔。吾无行而不与二三子者,是丘也。"

[白话]

孔子说:"你们几位学生以为我有所隐藏吗?我对你们没有任何隐藏。我的一切作为都呈现在你们眼前,那就是我的作风啊。"

[解读]

① 隐:隐藏,譬如另有进德修业的秘诀。学生可能觉得自己进步有限,想要速成,所以提出这样的疑问。
② 行:孔子以"行"来阐释问题,表明任何高深的道理都须落实在人生中。
③ 学生以为孔子有所"隐",孔子则感叹"莫我知也夫"[14.35]。要了解孔子的全部思想,实非易事。

[7.25]

子以四教:文、行、忠、信。

[白话]

孔子教学有四项重点:文献知识,行为规范,忠于职守,言而有信。

[解读]

① 行:行为规范,特别就守礼而言,亦即颜渊所说的"约我以礼"。因此,不妨另外强调忠与信,以凸显真诚心意的重要。

[7.26]

子曰:"圣人,吾不得而见之矣;得见君子者,斯可矣。"子曰："善人，吾不得而见之矣；得见有恒者，斯可矣。亡（wú）而为有，虚而为盈，约而为泰，难乎有恒矣。"

［白话］

孔子说："圣人，我是没有机会见到了；能够见到君子，也就不错了。"孔子又说："善人，我是没有机会见到了；能够见到有恒的人，也就不错了。明明没有却装作有，明明空虚却装作充实，明明穷困却装作豪华；要做到有恒，是多么困难啊！"

［解读］

① 圣人：人格完美又能周济天下的人。君子是朝着此一目标奋斗的人。因此，谈到君子，常须留意其动态过程。
② 善人：行善有成的人，在此近于仁者。至于有恒者的"恒"，是指择善之"固执"。有恒到一定程度，即可成为善人，亦即行善有成。但是，只要注意力一转向外在得失的评价，就很难做到有恒了。参照［13.22］。
③ 孔子既然宣称未能见到"善人"，可知"善人"是需要长期实践才可成就的。关于"善人"，参考［11.20］、［13.11］、［13.29］。

［7.27］

子钓而不纲，弋不射宿。

［白话］

孔子钓鱼时，不使用绑着许多鱼钩的大绳；以附带生丝的箭射鸟时，不射在巢中休息的鸟。

[解读]

① 用带丝绳的箭射鸟,一旦射中丝绳就会缠绕起来,使鸟立即坠下。
② 宿:在巢中休息或哺育的鸟。
③ 钓、弋:古代男子的休闲活动,以适可而止为原则。

[7.28]

子曰:"盖有不知而作之者,我无是也。多闻,择其善者而从之;多见而识(zhì)之;知之次也。"

[白话]

孔子说:"也许有人是自己不懂却去创作的,我与他们不同。多听,选择其中正确的部分来接受;多看,把好的记在心里。这种知是仅次于'生而知之'的。"

[解读]

① 知之次:第二等的知,指"学而知之",仅次于"生而知之"。关于"生而知之",见 [7.20]、[16.9]。
② 由此可见,孔子强调"多闻、多见",但要有判断及选择的能力。

[7.29]

互乡难与言,童子见,门人惑。子曰:"与其进也,不与其退也,唯何甚?人洁己以进,与其洁也,不保其往也。"

[白话]

互乡的人很难沟通,有一个少年却得到孔子的接见,学生们觉得困惑。孔子说:"我是赞成他上进,不希望他退步,又何必过度苛责?别人修饰整洁来找我,我就嘉许他整洁的一面,不去追究他过去的作为。"

[解读]

① 互乡:地名。难与言,也许是对外来的人不太友善。
② 童子:年龄未满十五岁者。本章并未指出童子是否带着薄礼,但是却明确表示他是十五岁以下,那么孔子说"自行束脩以上,吾未尝无诲焉"[7.7]是否有问题呢?没有,因为孔子的话并不排除有例外的情况。不过,也许正因为这种例外,学生们才更觉困惑。我们由此得知孔子的为师之道。

[7.30]

子曰:"仁远乎哉?我欲仁,斯仁至矣。"

[白话]

孔子说:"行仁离我很远吗?只要我愿意行仁,立刻就可以行仁。"

[解读]

① 仁:行仁,或直接解为"人生正途"。这种人生正途关键在于一个人"欲不欲行",只要欲行,当下即可择善固执。此处,"行仁"是动词,而"人生正途"是名词,"行仁"就是"走在人生正途上"。

② 孔子期许学生"志于仁"[4.4],"不违仁"[6.7],"依于仁"[7.6]。可见"仁"并非与生俱来,与生俱来的只有"向善"的力量,由此走上行仁之途。

[7.31]

陈司败问:"昭公知礼乎?"孔子曰:"知礼。"孔子退,揖巫马期而进之,曰:"吾闻君子不党,君子亦党乎?君取于吴,为同姓,谓之吴孟子。君而知礼,孰不知礼?"巫马期以告。子曰:"丘也幸,苟有过,人必知之。"

[白话]

陈司败问:"鲁昭公懂得礼制吗?"孔子说:"懂得礼制。"孔子离开后,陈司败向巫马期作揖,上前对他说:"我听说君子不偏袒自己人,难道君子也偏袒自己人吗?鲁昭公从吴国娶了一位夫人,鲁吴两国是同姓,所以鲁人称她为吴孟子。鲁君如果懂得礼制,那么谁不懂得?"巫马期向孔子转述了这番话,孔子说:"我真幸运,只要有什么过错,别人一定会知道。"

[解读]

① 陈司败:陈国大夫,司败是官名,管理治安。
② 昭公:鲁昭公,名裯,襄公之子。此时昭公已死二十余年。
③ 巫马期:姓巫马,名施,字子期,小孔子三十岁,孔子的学生。
④ 吴孟子:鲁为周公之后,吴为太伯(泰伯,为周文王的大伯)之后,皆姓姬。这位夫人原本被称为吴姬(国名加上本姓,为国君夫人称号),为了避开"同姓不婚"的礼制,所以改称吴孟子(孟子可能是她的字)。

⑤ 过:孔子的过错是情有可原的,因为当时有"不言君亲之恶"的古训。

[7.32]

子与人歌而善,必使反之,而后和之。

[白话]

孔子与别人一起唱歌,唱得开怀时,一定请他再唱一遍,然后自己又和一遍。

[解读]

① 歌:孔子平日若是不哭,则很可能唱歌[7.10]。本章描写他与别人一起唱歌的情形,所流露出的愉悦气氛令人羡慕。

[7.33]

子曰:"文,莫吾犹人也,躬行君子,则吾未之有得。"

[白话]

孔子说:"文献知识,大概我与别人差不多。确实做到君子的修养,我还没有办法。"

[解读]

① 文:文献知识,与"行"对应。
② 莫:可能是"其"之误,也有说是"大约"之意。这两者在此意思相近。关于孔子与一般人的对比,可参照[12.13]。

[7.34]

子曰:"若圣与仁,则吾岂敢?抑为之不厌,诲人不倦,则可谓云尔已矣。"公西华曰:"正唯弟子不能学也。"

[白话]

孔子说:"像圣与仁的境界,我怎么敢当?如果说是以此为目标,努力实践而不厌烦,教导别人而不倦怠,那么或许我还可以做到。"公西华说:"这正是我们学生没有办法学到的。"

[解读]

① "圣"与"仁"并列时,"圣"侧重的是结果,"仁"侧重的是过程,两者都是凡人所向往的完美境界。
② 为之:既然先谈圣与仁,这里的"为之"自然是以此二者为目标。孔子的终身志向也确实如此。参考[5.25]、[7.2]。

[7.35]

子疾病,子路请祷。子曰:"有诸?"子路曰:"有之。《诔(lěi)》曰:'祷尔于上下神祇(qí)。'"子曰:"丘之祷久矣。"

[白话]

孔子病得很重,子路请示要做祷告。孔子说:"有这样的事吗?"子路说:"有的,《诔文》上说:'为你向天神地祇祷告。'"孔子说:"我长期以来一直都在祷告啊!"

[解读]

① 为生者祝祷求福是"诔",纪念死者才用"诔"。本章据此而

改正。

② 丘之祷：孔子最慎重的事是"斋"[7.13]，对于祭祀极为虔诚[3.12]，平日饮食每饭必"祭"[10.11]，因此生活中随时随地都在与天神地祇交往，不必生病时再去刻意祷告。另外，孔子说过"获罪于天，无所祷也"[3.13]，表明他以天为唯一祷告的对象，因此不愿再去劳烦神祇。

[7.36]

子曰："奢则不孙，俭则固。与其不孙也，宁固。"

[白话]

孔子说："奢侈就会变得骄傲，俭约就会流于固陋。与其骄傲，宁可固陋。"

[解读]

① "孙"通"逊"。不孙：不谦逊，骄傲自大。固：固陋。两者都是缺点，两害相权取其轻。参考[3.4]、[3.22]。

[7.37]

子曰："君子坦荡荡，小人长戚戚。"

[白话]

孔子说："君子心胸光明开朗，小人经常愁眉苦脸。"

[解读]

① 君子：修养有成者。不论穷达顺逆，都因为走在人生正途上而充满自信与喜悦。
② 小人：无志之人，即使富贵，也会"患得患失"[17.15]，何况处于困境时？
③ 君子与小人的对比，可参考[2.14]解读③。

[7.38]

子温而厉，威而不猛，恭而安。

[白话]

孔子看起来温和而严肃，威严而不刚猛，谦恭而安适。

[解读]

① 温：本章描述的都是对立的神情，调和起来恰到好处，可以作为今日培养情商（EQ）的参考。

泰伯　第八

[8.1]

　　子曰："泰伯，其可谓至德也已矣。三以天下让，民无得而称焉。"

[白话]

　　孔子说："泰伯，可以说表现了至高的德行啊。他多次把天下让给人，百姓却找不出具体的德行来赞美他。"

[解读]

① 泰伯：亦即太伯，周文王的大伯。周朝祖先古公亶父有三子：泰伯、仲雍、季历。古公亶父想把王位传给季历，所以泰伯与仲雍出走到后来的吴国，以便季历接位。季历生子姬昌（周文王），后来周文王与其子武王建立周朝。
② 无得：至德无形，不着痕迹，但是成全了孝悌与其他德行。孔子言谈的重点即在于此。行善除了真诚，还需要智慧，否则如何择而行之。对照"民无德而称焉"［16.12］。

[8.2]

子曰:"恭而无礼则劳,慎而无礼则葸(xǐ),勇而无礼则乱,直而无礼则绞。君子笃于亲,则民兴于仁;故旧不遗,则民不偷。"

[白话]

孔子说:"一味谦恭而没有礼的节制,就会流于劳倦;一味谨慎而没有礼的节制,就会显得畏缩;只知勇敢行事而没有礼的节制,就会制造乱局;只知直言无隐而没有礼的节制,就会尖刻伤人。政治领袖对待亲族厚道,百姓就会渐渐走上人生正途;他们不遗弃过去的友人,百姓就不会刻薄无情。"

[解读]

① 礼:礼的节制。恭、慎、勇、直都是好的表现,但是若无适当节制而陷入极端,则后果难以预料。对照"六言六蔽"[17.8]。
② 君子:在此指政治领袖,因为和"民"对举。
③ 仁:人生正途,表现为淳厚的风气。

[8.3]

曾子有疾,召门弟子曰:"启予足!启予手!《诗》云:'战战兢兢,如临深渊,如履薄冰。'而今而后,吾知免夫。小子!"

[白话]

曾子生病时,把他的学生召集到家中,说:"看看我的脚,看看我的手!《诗》上说:'战战兢兢啊,好像走在深渊旁边,好像走在薄冰上面。'直到现在,我才敢说自己可以免于毁伤了。同学们记住啊!"

[解读]

① 《诗》云：引文见《诗经·小雅·小旻》。
② 免：手脚健全，表示一生爱护身体，也不曾犯法受刑。这是对父母孝顺，也是对个人生命尽责。

[8.4]

曾子有疾，孟敬子问之。曾子言曰："鸟之将死，其鸣也哀；人之将死，其言也善。君子所贵乎道者三：动容貌，斯远暴慢矣；正颜色，斯近信矣；出辞气，斯远鄙倍矣。笾（biān）豆之事，则有司存。"

[白话]

曾子生病时，孟敬子来探望他。曾子对他说："鸟快死时，叫声是悲凄的；人临死时，说话是有道理的。政治领袖要把握以下三个原则：举止与态度要威严，如此可以使自己避免粗暴与怠慢；神情与脸色要端庄，如此可以使自己容易表现出诚信；言语与声调要稳重，如此可以使自己避免鄙陋与狂妄。至于礼仪方面的细节，自有主管其事的人去负责。"

[解读]

① 孟敬子：仲孙捷，孟武伯之子，为鲁国大夫。
② 善：指一定的道理。人之将死，其言出于真心，总结一些心得，应有可参考的价值。
③ 君子：在位者或政治领袖。
④ 笾豆：笾和豆。古代祭祀及宴会时常用的两种礼器。竹制为笾，木制为豆。

[8.5]

　　曾子曰："以能问于不能，以多问于寡；有若无，实若虚，犯而不校（jiào），昔者吾友尝从事于斯矣。"

[白话]

　　曾子说："自己有本事，却去请教没有本事的人；自己知识丰富，却去请教知识有限的人；有学问却像没有学问，内心充实却像空无一物；被人冒犯了也不计较。从前我的一位朋友就曾这样做过。"

[解读]

① "能"是就行为而言，"多"则是就知识而言。
② 吾友：应该是指颜渊。

[8.6]

　　曾子曰："可以托六尺之孤，可以寄百里之命，临大节而不可夺也，君子人与？君子人也。"

[白话]

　　曾子说："可以把年少的孤儿托给他照顾，可以把国家的命脉交给他负责，遇到重大变故也不能使他放弃操守，这种人称得上是君子吗？这种人是君子啊！"

[解读]

① 六尺：古代认为两岁半长高一尺（二十三厘米），六尺为十五岁。六尺相当于今日的一百三十八厘米，指尚未成年者。

② 君子：有德之人，必须兼具能力与节操，不能只是空谈心性。

[8.7]

曾子曰："士不可以不弘毅，任重而道远。仁以为己任，不亦重乎？死而后已，不亦远乎？"

[白话]

曾子说："读书人不能没有恢弘的气度与刚毅的性格，因为他承担重任而路途遥远。以行仁为自己的责任，这个担子还不沉重吗？直到死时才停下脚步，这个路程还不遥远吗？"

[解读]

① 士：读书人，目标是行仁。走在人生正途上，不论是否从政，都面临着很大的挑战。参照［4.9］、［13.20］、［14.2］、［19.1］。
② 任：行仁是一生的事，要推己及人，兼善天下，所以是重任；死而后已，所以道远。本章充分表明仁为人生正途的观点，值得深思。曾子此语，表示他明白"仁"才是孔子的一贯之道。参照［4.15］。

[8.8]

子曰："兴于《诗》，立于礼，成于乐。"

[白话]

孔子说："启发上进的意志，要靠读《诗》；具备处世的条件,要靠学礼;达成教化的目标,要靠习乐。"

[解读]

① 兴、立、成:都是针对个人而说的,诗、礼、乐则是主要的凭借。读诗、学礼与习乐,并非阶梯式的上升,而是交互为用,相与并行,只是在效应上有先后之别。参照[3.25]、[17.9]、[20.3]。
② 乐:列为最后一步,是因为教化的"化"字在乐曲中得到充分的彰显,可以实现人我的感通与协调。参照[15.11]。

[8.9]

子曰:"民可使由之,不可使知之。"

[白话]

孔子说:"对待百姓,可以使他们走在人生正途上,却没有办法使他们了解其中的道理。"

[解读]

① 由之:有的是效法政治领袖,有的是依循礼乐教化,也有的是遵守法令规章。只要走在人生正途上,就都是好的。
② 知之:人生的道理有浅有深,若要使百姓透彻理解,恐怕要事倍功半,甚至徒劳无功。

[8.10]

子曰:"好勇疾贫,乱也。人而不仁,疾之已甚,乱也。"

[白话]

孔子说:"爱好勇敢的人,如果厌恶贫困,就会作乱生事。对于不肯走在人生正途上的人,如果厌恶得太过分,也会使他作乱生事。"

[解读]

① 疾:厌恶、憎恨。勇是美德,但是若不节制或不明理,就会陷于乱局。"疾贫"则是既不明理也不节制的表现。
② 不仁:不肯或未能行仁的人。这种判断,有的是根据明显的偏邪行为,有的则是党派立场互异所致。

[8.11]

子曰:"如有周公之才之美,使骄且吝,其余不足观也已。"

[白话]

孔子说:"即使一个人才华卓越有如周公,如果他既骄傲又吝啬,其他部分也就不值得欣赏了。"

[解读]

① 才:才华是天赋优点,善加发挥可以成己成物。但是,如果因此而骄傲自大,又吝于关怀别人,就不值一顾了。
② "骄且吝",表明此人的价值观仍在"自我中心"阶段,只顾自己的生存与发展,对社会并无助益。

[8.12]

子曰:"三年学,不至于穀,不易得也。"

[白话]

孔子说:"入学读书三年,还未起做官的念头,已经是很不容易的事了。"

[解读]

① 三年:古代入大学三年就要测试所学,这时学生往往表现出从政的念头,因为学以致用是顺理成章的事。
② 穀:俸禄,指做官。不想到穀,表示心在学上,愿意使自己更加充实,这当然是可贵之事。参照 [5.5]、[6.9]。

[8.13]

子曰:"笃信好学,守死善道。危邦不入,乱邦不居。天下有道则见(xiàn),无道则隐。邦有道,贫且贱焉,耻也;邦无道,富且贵焉,耻也。"

[白话]

孔子说:"以坚定的信心爱好学习,为了完成人生理想可以牺牲生命。不前往危险的国家,也不住在混乱的国家。天下上轨道,就出来做事;不上轨道就隐居起来。国家上轨道时,要以贫穷与卑微为可耻;国家不上轨道时,要以富有与高位为可耻。"

[解读]

① 守死:持守至死。善道:完成理想。参照[4.8]、[14.1]、[15.9]。

② 天下：涵盖各国在内，古代为天子的统治范围。道：正道，指应循的正途。

[8.14]

子曰："不在其位，不谋其政。"

[白话]

孔子说："不担任某一职位，就不去设想那个职位的业务。"

[解读]

① 位：职位。政治要分工合作，譬如民主时代，除了各级政府官员，还有专职的民意代表，而不是大家任意发表意见，全无章法。
② 本章亦见于 [14.26]。

[8.15]

子曰："师挚之始，《关雎》之乱，洋洋乎盈耳哉！"

[白话]

孔子说："从师挚开始演奏，到结束时的《关雎》之曲，我的耳中一直洋溢着美妙的音乐啊！"

[解读]

① 师挚：鲁国大师（音乐主管），名挚。
② 《关雎》：《诗经·周南·关雎》，古诗皆可入乐。"乱"为音

乐演奏的结束。

[8.16]

子曰:"狂而不直,侗(tóng)而不愿,悾(kōng)悾而不信,吾不知之矣。"

[白话]

孔子说:"狂妄而不直爽,愚昧而不忠厚,无能而不守信。这种人我不知道他是怎么回事。"

[解读]

① 孔子提到的三组相对的不良表现,本来是不易并存的,现在却同时出现在一个人身上,所以他觉得莫名其妙。参照 [17.16]。

[8.17]

子曰:"学如不及,犹恐失之。"

[白话]

孔子说:"学习时要像赶不上什么一样急切,赶上了还担心会失去。"

[解读]

① 不及:学海无涯,必须把握时机抓紧学习。学了之后,须有心得,才能守住。
② 参考子夏所谓的"好学"[19.5]。

[8.18]

子曰:"巍巍乎,舜禹之有天下也而不与(yù)焉。"

[白话]

孔子说:"真是崇高啊!舜与禹拥有天下而不刻意去统治。"

[解读]

① 不与:不刻意去统治,因为他们知人善任,由百官分层负责,他们看似不参与实际政务,当然也谈不上为自己谋利。参照[15.5]之"无为而治"。

[8.19]

子曰:"大哉尧之为君也!巍巍乎!唯天为大,唯尧则之。荡荡乎,民无能名焉。巍巍乎其有成功也,焕乎其有文章!"

[白话]

孔子说:"伟大啊,像尧这样的天子!真是崇高啊!只有天是最伟大的,只有尧能效法天。他的恩泽广博啊,百姓没有办法去形容。他的丰功伟业令人景仰,他的典章制度也辉煌可观。"

[解读]

① 天:古代帝王称为天子,意思是天是政权的合法基础与来源。本章谈到尧效法天,正反映了此一信念。如果不从这个角度理解,而认为天只是自然之天,那么将很难避免荀子"天行有常,不为尧存,不为桀亡"(《荀子·天论》)之类的主张。
② 名:尧太完美了,百姓想不出该如何称颂。参照[20.1]。

[8.20]

舜有臣五人而天下治。武王曰:"予有乱臣十人。"孔子曰:"才难,不其然乎?唐虞之际,于斯为盛。有妇人焉,九人而已。三分天下有其二,以服事殷。周之德,其可谓至德也已矣。"

[白话]

舜有五位贤臣而天下太平。周武王说:"我有十位能治理国家的大臣。"孔子说:"人才难得,不正是如此吗?从唐尧和虞舜的时代以来,到周朝人才鼎盛。武王的人才中有一位是妇女,所以实际上是九位。拥有三分之二的天下,还继续臣服于殷朝。周朝的德行,可以说是至高的德行了。"

[解读]

① 五人:禹、稷、契、皋陶、伯益。
② 十人:周公旦、召公奭、太公望、毕公、荣公、太颠、闳夭、散宜生、南宫适、邑姜(武王之妻,负责治理宫内之事)。《说文》:乱,治也。"乱臣"为治国之臣。

[8.21]

子曰:"禹,吾无间然矣。菲(fěi)饮食而致孝乎鬼神,恶(è)衣服而致美乎黻冕,卑宫室而尽力乎沟洫。禹,吾无间然矣。"

[白话]

孔子说:"禹,我对他没有任何批评啊。他吃得简单,对鬼神的祭品却办得很丰盛;他穿得粗糙,祭祀的衣冠却做得很华美;他住得简陋,却把全部力量用在沟渠水利上。禹,我对他没有任何批评啊。"

[解读]

① 间然：有空隙可以批评。菲饮食：使饮食菲。恶衣服：使衣服恶。
② 鬼神：本章谈论鬼神与祭祀，可见古人对信仰的重视。孔子叙述此事时，语气十分肯定，由此可见他认为信仰的价值不容忽视。但是若无"尽力乎沟洫"的为民服务，则未必合宜。

子罕 第九

[9.1]

子罕言利与命与仁。

[白话]

孔子很少主动谈起有关利益、命运与行仁的问题。

[解读]

① "言"是主动谈起,"语"是与人讨论。罕言不是不语[7.21],所以学生请教这些问题时,孔子也会答复。孔子罕言利、命与仁,表明对此三者须格外慎重。何以须慎重?因为这三者皆为世人所关怀,又常常由于听者有个别差异而容易引起误解,所以不宜作泛泛之论。

② 利是人之所欲,但须与义配合。义与利的分辨并不简单,直接谈利,更易使听者误入歧途,如"见小利则大事不成"[13.17]。

③ 命:命运是难以解释的谜。面对命运,如何把握自己的使命才是重点所在。命运与使命的分辨更是微妙,不能不慎重言之。参看[20.3]。

④ 仁:人生正途在于择善固执,必须依个人的处境来判断,很难

作概括的说明。此外，孔子的"仁"字统摄了人之性、人之道、人之成，是一个全面的、连续的、动态的人生历程，所以最好留待学生请教时再作说明。

[9.2]

达巷党人曰："大哉孔子！博学而无所成名。"子闻之，谓门弟子曰："吾何执？执御乎？执射乎？吾执御矣。"

[白话]

达巷地区有人说："伟大啊，孔子这个人，学问真是广博，没有办法说他是哪一方面的专家。"孔子听到这话，对学生们说："我要以什么作为专长呢？驾车吗？射箭吗？我驾车好了。"

[解读]

① 无所成名：这是推崇的话，否则不能冠以"大哉"。一般人精于一艺，孔子无所不学，使人无以名之。关于"成名"，参照[4.5]、[15.20]。
② 执御：孔子以具体的执御表示谦虚，也提醒人要有真才实学。

[9.3]

子曰："麻冕，礼也；今也纯，俭，吾从众。拜下，礼也；今拜乎上，泰也。虽违众，吾从下。"

[白话]

孔子说："大夫的礼帽以麻织成，这是礼制的规定；现在大家都戴以丝织成的礼帽,这样比较节省人力,所以我赞同大家的做法。臣见君时,先在堂下磕头,升堂后再磕头,这是礼制的规定;现在大家只是升堂后再磕头,这样显得不太恭顺。所以,虽然与大家的做法不合,我还是赞同要先在堂下磕头。"

[解读]

① 麻冕:卿大夫所戴的礼帽。若为天子、诸侯或贵族,则另有制冕的布料。麻冕的制作极费工夫,浪费人力。纯指黑丝。
② 拜下:先在堂下拜,升堂后再拜,共拜两次。拜上就只保留了后者。孔子遵守礼制的规定,却可能被别人诬为"谄媚"[3.18],实亦无可奈何。泰为舒泰自在的样子,对国君就显得不太恭顺了。

[9.4]

子绝四:毋意,毋必,毋固,毋我。

[白话]

孔子完全没有四种毛病,即他不凭空猜测,不坚持己见,不顽固拘泥,不自我膨胀。

[解读]

① 本章四病皆针对个人而言,要化解自我中心的困境。从起心动念到狂妄自大,都是一般人常犯的毛病,值得深思。孔子当然有他坚持及奉行的原则或道,但是却与私心或欲望无关。

[9.5]

子畏于匡，曰："文王既没（mò），文不在兹乎？天之将丧斯文也，后死者不得与于斯文也；天之未丧斯文也，匡人其如予何？"

[白话]

孔子被匡城的群众所围困，他说："周文王死了以后，文化传统不都在我这里吗？天如果要废弃这种文化，后代的人就不会有机会学习这种文化；天如果还不要废弃这种文化，那么匡人又能对我怎么样呢？"

[解读]

① 匡：匡人曾为鲁国阳货所镇压，当时为阳货驾车的是颜刻。颜刻后为孔子驾车，匡人意为是阳货车到，意图报仇，才发生这次围困之事。后来澄清误会，化险为夷。参照 [11.23]。
② 文：文化传统，包括礼乐制度与典籍文物。当时能够博学如孔子的人已不可见，所以孔子有此自信。
③ 天：天是文化传统（甚至国家民族）存亡的最后裁决者。这是古人的信念，而不是孔子自己的想象。参照 [7.23] 以及 [11.9] 解读②。
④ 后死者：指后于孔子的人，他们须以孔子为中介，才有机会学习文化传统。这种解法与前面"文不在兹乎"可以呼应，并且与"将丧斯文"指向未来的语气较为契合。

[9.6]

大（tài）宰问于子贡曰："夫子圣者与？何其多能也？"子贡曰："固天纵之将圣，又多能也。"子闻之，曰："大宰知我乎！

吾少也贱，故多能鄙事。君子多乎哉？不多也。"

[白话]

　　大宰向子贡询问："孔先生是一位圣人吧？他竟有这么多才干？"子贡说："这是天要让他成为圣人，并且具有多方面的才干。"孔子听到这些话时，就说："大宰了解我啊！我年轻时贫困卑微，所以学会了一些琐碎的技艺。做一个君子，需要具备这么多才干吗？我想不需要的。"

[解读]

① 大宰：可能是吴国大宰，名嚭。他认为圣人是才干与能力过人者。
② 天：在子贡看来，天对圣人有特殊的启示与造就。孔子的评论未谈到这一点，似乎有默认之意。但是，"多能"却是特定的环境所形成的。
③ 君子：指有德者与有位者，才干比人多并不是成为君子最重要的条件。
④ 孔子年轻时曾经担任"委吏"（管理仓库）与"乘田"（管理牲畜），他的表现受到肯定。事见《孟子·万章下》。

[9.7]

　　牢曰："子云：'吾不试，故艺。'"

[白话]

　　牢说："老师说过：'我没有机会实现抱负，所以学会了不少技艺。'"

[解读]

① 牢：孔子的学生，资料不详。
② 试：从政做官，可以一试身手，如此就不需要另外学习各种谋生的技艺了。由此可知，孔子的多才多艺是生活磨炼的结果。

[9.8]

子曰："吾有知乎哉？无知也。有鄙夫问于我，空空如也，我叩其两端而竭焉。"

[白话]

孔子说："我什么都懂吗？不是这样的。假设一个乡下人来问我，态度诚恳而虚心，我只是就他的问题从正反两方面详细推敲，然后找到了答案。"

[解读]

① 知：能够恰当回答别人的疑问，就是知。因此，除了具备基本的知识以外，更需要有推理与思考的能力。关于"鄙夫"，也可以指"志节鄙陋的人"，参考［17.15］。

[9.9]

子曰："凤鸟不至，河不出图，吾已矣夫！"

[白话]

孔子说："凤鸟不再飞来，黄河也不再出现图像，我大概没有指望了。"

［解读］

① 凤鸟：祥瑞的象征，天下太平就会飞来。譬如，凤鸟在舜时来仪，在周文王时，鸣于岐山。这些是古代传说。
② 河不出图：据说伏羲氏时，黄河出现一龙，上岸化为马，负图在背，则之以画八卦，谓之河图。
③ 吾：孔子感叹衰世无以得见明君，无从实现抱负以平治天下。参照［7.5］。

［9.10］

子见齐（zī）衰（cuī）者、冕衣裳者与瞽者，见之，虽少必作；过之，必趋。

［白话］

孔子看见穿丧服的人、着官式礼服的人以及瞎眼的人，在会面的时候，即使这些人年龄较轻，他也一定从座位上站起来；从他们面前经过时，也一定加快脚步。

［解读］

① 齐衰：古代丧服，通过衣服之特殊材质与设计来表达穿者服丧之心意。丧服分五等：斩衰三年、齐衰一年、大功九月、小功六月、缌麻三月。
② 冕衣裳者：世袭爵位之人，也有年少者。
③ 必：两个"必"字，表示恻隐与恭敬的心意。

[9.11]

颜渊喟（kuì）然叹曰："仰之弥高，钻之弥坚，瞻之在前，忽焉在后。夫子循循然善诱人，博我以文，约我以礼，欲罢不能。既竭吾才，如有所立卓（zhuó）尔。虽欲从之，末由也已。"

[白话]

颜渊赞叹一声，说："越抬头看，越觉得崇高；越深入学，越难以透彻；看起来是在前面，忽然又到后面去了。老师很能循序渐进地引导学生学习，他以文献知识广博我的见解，又以礼制规范约束我的行为，使我想停下来都不可能。我尽了全力之后，好像学会了立身处世的本领。但是，当我想要再进一步追随老师时，却又找不到路可以走了。"

[解读]

① "在前"与"在后"合用，描写孔子神妙莫测，可以兼顾前后，对生命作全方位的观照。关于"博文约礼"，参考 [6.27]。
② 末由：无由，无路可循，表示正在面临活泼的智慧这一关。过了这一关，就是"不惑"，也就是能权衡抉择了。

[9.12]

子疾病，子路使门人为臣。病间，曰："久矣哉，由之行诈也！无臣而为有臣。吾谁欺？欺天乎？且予与其死于臣之手也，无宁死于二三子之手乎！且予纵不得大葬，予死于道路乎？"

[白话]

孔子病得很重，子路安排学生们组织治丧处。后来病情缓和些,孔子说:"这段时日以来,由的做法太偏差了!不该有治丧的组织却组织治丧处,我想欺瞒谁呢?难道要欺瞒天吗?我与其在治丧人的手里过世,不如在你们几位学生的手里过世!我就算得不到隆重的葬礼,难道会死在路上没人管吗?"

[解读]

① 为臣:专管治丧的家臣组织,本来是诸侯以上才可设置,春秋时卿大夫也仿效了。以孔子当时的身份是不能设家臣的。
② 欺天:天不可欺,表示天明察一切。这里所说的不能以情绪语言视之。孔子能在七十岁时抵达"从心所欲不逾矩"的修养,应与这种凡事不欺天的信念有关。

[9.13]

子贡曰:"有美玉于斯,韫(yùn)椟(dú)而藏诸,求善贾(gǔ)而沽诸?"子曰:"沽之哉,沽之哉,我待贾者也。"

[白话]

子贡说:"假设这里有一块美玉,那么把它放在柜子里藏起来呢,还是找一位识货的商人卖掉它呢?"孔子说:"卖掉吧,卖掉吧,我是在等待好商人呢。"

[解读]

① 善贾:好商人或识货的商人,在此喻指有眼光的政治领袖。
② 沽之:孔子希望得君行道,可以济助天下百姓。
③ 孔子希望有机会实现他的抱负,参看[17.5]、[17.7]。

[9.14]

子欲居九夷。或曰："陋,如之何？"子曰："君子居之,何陋之有？"

[白话]

孔子想到九夷生活的地方去住。有人说："那种地方很简陋,怎么能住呢？"孔子说："君子去住的话,怎么会简陋呢？"

[解读]

① 九夷：古代称东方的九种民族,此处指其所居之地。参照 [5.6]。
② 君子：历史上有箕子远赴朝鲜,眼前则有孔子自认为可以化民成俗。

[9.15]

子曰："吾自卫反鲁,然后乐正,雅颂各得其所。"

[白话]

孔子说："我从卫国回到鲁国,然后可以改正用乐的错误,使雅与颂各有适当的安排。"

[解读]

① 反鲁：时间在鲁哀公十一年,孔子六十八岁。这是他整理诗书与修订礼乐之后的心得。
② 乐正：配合诗歌（如雅与颂）,依其篇章用于不同场合,并且乐音也须随之调整,以免流于俗陋。

[9.16]

子曰:"出则事公卿,入则事父兄,丧事不敢不勉,不为酒困,何有于我哉?"

[白话]

孔子说:"在外服侍有公卿身份的人,回家侍奉长辈亲人,为人承办丧事不敢不尽力而为,不因为喝酒而造成任何困扰,做到这四件事,其他一切与我有何关系呢?"

[解读]

① 古代公卿退休之后,回到乡里从事教育工作,因此一般人在日常生活中也可能遇到他们。本章所提的四件事都是极其常见的,正是孔子落实观念的地方。
② "丧事不敢不勉"一语表明孔子曾以助丧为业,参照[7.9]。至于"不为酒困",可参考[10.8]。
③ 何有于我哉:请参看[7.2]解读之充分讨论。

[9.17]

子在川上,曰:"逝者如斯夫,不舍昼夜。"

[白话]

孔子站在河边,说:"消逝的一切就像这流水啊,白天黑夜都不停息。"

[解读]

① 逝者:指时光,也指在那些时光中发生的事件,而人的生命当

然也在里面。既然如此，我们怎能不珍惜时光！古希腊哲学家赫拉克利特（约前 624—前 546）说："濯足长流，举足复入，已非前水！"强调万物流转生灭，无时或息。我们也该把握生命中的每一个瞬间。

［9.18］

子曰："吾未见好德如好色者也。"

［白话］

孔子说："我不曾见过像爱好美色一样爱好德行的人。"

［解读］

① 未见：这是孔子个人观察的结果，其中也显示了他的感叹与期许。
② 好德：好德必须以实践修身来配合，好色则放纵本能欲望即可，两者之难易不可以道里计。但是在孔子的学说中，好德出于向善的天性，只是一般人未能觉察而已。他的教育目标就从这里开始。此章在［15.13］再次出现。

［9.19］

子曰："譬如为山，未成一篑（kuì），止，吾止也。譬如平地，虽覆一篑，进，吾往也。"

［白话］

孔子说："譬如堆土成山，只要再加一筐土就成功了，如果停下来，那是我自己停下来的。譬如在平地上，即使才倒了一筐土，如果继续做，那也是我自己要前进的。"

[解读]

① 譬如：智者都善用比喻，使学生明白深刻的道理。本章重点在于强调自我的意愿与责任，并且显示出刚健进取的人生态度。

[9.20]

子曰："语之而不惰者，其回也与！"

[白话]

孔子说："与他谈话而从不显得懈怠的，大概就是颜回吧！"

[解读]

① 不惰：孔子讲得有道理，学生才能不懈怠。本章说明颜渊不但专心听讲，也能领悟道理，并且还在平日努力实践，如此才能长期不懈。参照 [9.21]。

[9.21]

子谓颜渊，曰："惜乎！吾见其进也，未见其止也。"

[白话]

孔子谈到颜渊时，说："可惜他已经死了！我只看到他不断地进步，没有见他停下来过。"

[解读]

① 惜：孔子感叹颜渊"不幸短命死矣"[6.3]。如果颜渊还活着，成就将不可限量。参照[9.20]。

[9.22]

子曰："苗而不秀者有矣夫！秀而不实者有矣夫！"

[白话]

孔子说："谷子生长了却不开花的，有这样的情形啊！开花了却不结实的，也有这样的情形啊！"

[解读]

① 秀：禾类植物开花抽穗。本章的比喻，可能是感叹颜渊早死。不过，如果用来描述修养必须坚持到底，才能开花结果，也很恰当。择善若不能固执，终究令人惋惜。

[9.23]

子曰："后生可畏，焉知来者之不如今也？四十、五十而无闻焉，斯亦不足畏也已。"

[白话]

孔子说："年轻人是值得敬重的，怎么知道他们将来会比不上现在的人呢？不过，到了四十岁或五十岁还没有什么好的名望，也就不值得敬重了。"

[解读]

① 畏：在此指敬重、不可低估。年轻人若肯努力，前途不可限量。
② 闻：名望为人所知。古代信息不发达，名望得来不易。今天的情况则与之不同，因此要译为"好的名望"。

[9.24]

子曰："法语之言，能无从乎？改之为贵。巽与之言，能无说乎？绎之为贵。说而不绎，从而不改，吾末如之何也已矣。"

[白话]

孔子说："听到义正词严的话，能不接受吗？但是要改正过错才可贵。听到委婉顺耳的话，能不高兴吗？但是要想通含义才可贵。光是高兴而不加以思索，表面接受而实际不改，我对这样的人是没有什么办法的。"

[解读]

① 没有办法的原因是知过不改要比不知过更麻烦，面对此种情况，孔子也束手无策。参照［15.16］。

[9.25]

子曰："主忠信，毋友不如己者，过则勿惮改。"

[白话]

孔子说："做人处事以忠信为原则，不与志趣不相似的人交往。有了过错，不怕去改正。"

[解读]

① 毋：无也。本章已见于［1.8］后半段。

[9.26]

子曰："三军可夺帅也，匹夫不可夺志也。"

[白话]

孔子说："军队的统帅可能被劫走，一个平凡人的志向却不能被改变。"

[解读]

① 三军：周朝时，大国诸侯拥有三军。参看［7.11］。
② 匹夫：古代一般百姓为一夫一妻，两相匹配，称为匹夫匹妇。匹夫的志向由自己负责，所以可以坚持不改，至死不渝。
③ 帅在外而志在内，人所能把握的是志。

[9.27]

子曰："衣（yì）敝缊（yùn）袍，与衣狐貉（hé）者立，而不耻者，其由也与？'不忮（zhì）不求，何用不臧（zāng）？'"子路终身诵之。子曰："是道也，何足以臧？"

[白话]

孔子说："穿着破旧的棉袍，与穿着狐貉皮裘的人站在一起，而不觉得惭愧的，大概就是由吧？《诗》上说：'不嫉妒，不贪求，怎么会不好？'"子路听了，就经常念着这句诗。孔子说：

解读《论语》

"这样固然是正途,但是还不够好啊!"

[解读]

① 不忮:引文见《诗经·邶风·雄雉》。
② 臧:善。不以小善为满足,必须日进其德。参考"子路之志"[5.25]。
③ 孔子对子路的肯定,以"其由(也)与"来表达的还有[5.6]、[12.12]。

[9.28]

子曰:"岁寒,然后知松柏之后凋也。"

[白话]

孔子说:"天气真正冷了,才会发现松树与柏树是最后凋零的。"

[解读]

① 寒:比喻严酷的考验,可以分辨君子与小人。参考[15.2]。

[9.29]

子曰:"知(zhì)者不惑,仁者不忧,勇者不惧。"

[白话]

孔子说:"明智的人没有困惑,行仁的人没有忧虑,勇敢的人没有畏惧。"

[解读]

① 这三者可能并存于一人身上，所以要由其表现（不惑等）来判断。参考[14.28]。

[9.30]

子曰:"可与共学，未可与适道；可与适道，未可与立；可与立，未可与权。"

[白话]

孔子说:"可以一起学习的人，未必可以一起走上人生正途；可以一起走上人生正途的人，未必可以一起立身处世；可以一起立身处世的人，未必可以一起权衡是非。"

[解读]

① 共学、适道、立、权：代表学习的四个阶段。所学的是做人处事的道理：道是人生正途，必须步步前行；立是可以立身处世；权是最难的，如孔子的"无可无不可"[18.8]。并且，自己权衡又异于与人一起权衡，这样的人自然不易得。

[9.31]

"唐棣之华，偏其反而。岂不尔思？室是远而。"子曰:"未之思也，夫何远之有？"

[白话]

"唐棣树的花，翩翩摇摆而各自方向相反。我怎么不思念你呢?只是住处太远了啊!"孔子说:"只是没有真去思念而已,事实上,怎么会遥远呢?"

[解读]

① 唐棣:这种树的花朵,同在一茎上却方向相反。正如二人本在一处却背对背,使人感觉遥不可及。诗人以此寄意,抒发浪漫的情怀。孔子的话可以理解为就事论事,也可以理解为人与道(人生正途)并不遥远,只要真去想,立刻就可以把握住。此处所引可能是逸诗。参考[7.30]。

乡党 第十

[10.1]

孔子于乡党，恂（xún）恂如也，似不能言者。其在宗庙朝廷，便（pián）便言，唯谨尔。

[白话]

孔子在乡里之间，温和而恭顺的样子，像是不太会说话的人。他在宗庙里、朝廷上，说话明白流畅，但是很有分寸。

[解读]

① 乡：一万三千五百家；党：五百家。
② 似：这是观察者眼中所见的孔子。孔子在乡里之间，不愿夸耀自己的本领，没有必要就不多说。执行公务时，则谨守分寸。

[10.2]

朝，与下大夫言，侃侃如也；与上大夫言，訚（yín）訚如也。君在，踧（cù）踖（jí）如也，与与如也。

[白话]

上朝时，与下大夫说话，温和而愉快的样子；与上大夫说话，正直而坦诚的样子；国君临朝时，恭敬而警惕的样子，稳重而安详的样子。

[解读]

① 朝：孔子在朝廷上的态度以爵位为依归，这是礼的教育成果。

[10.3]

君召使摈，色勃如也，足躩（jué）如也。揖所与立，左右手，衣前后，襜（chān）如也。趋进，翼如也。宾退，必复命曰："宾不顾矣。"

[白话]

国君召令孔子接待外国贵宾时，他脸色显得矜持庄重，脚步随之加快。他向同朝官员作揖，向左边拱手，再向右边拱手，衣裳随之一前一后，看来整齐而利落。他快步前进的时候，衣袂飘起，好像鸟儿舒展翅膀。贵宾辞别后，他一定回来向国君报告说："客人已经走远了。"

[解读]

① "摈"通"傧"，古代称接引宾客的人为傧。召：特别召命孔子为上摈（另外有承摈与末摈）。这本来是由卿负责的事，因为孔子知礼，所以有此任命。这是鲁定公十年以后，孔子五十二岁至五十五岁之间从政时发生的事情。

[10.4]

　　入公门，鞠躬如也，如不容。立不中门，行不履阈（yù）。过位，色勃如也，足躩如也，其言似不足者。摄齐（zī）升堂，鞠躬如也，屏（bǐng）气似不息者。出，降一等，逞颜色，怡怡如也。没阶，趋进，翼如也。复其位，踧踖如也。

[白话]

　　孔子走进朝廷大门时，谨慎而敬畏的样子，好像没有容身之处。站，不站在门中间；走，不踩在门槛上。经过国君平日的座位时，脸色显得矜持庄重，脚步随之加快，说话也轻得听不清楚。提起衣摆向堂上走时，谨慎而敬畏的样子，屏气好像不呼吸一样。退出堂时，走下一级台阶，脸色才放轻松，显得自在而愉快。下了台阶，快步前进时，衣袂飘起，好像鸟儿舒展翅膀。回到自己的位置时，又显得恭敬而警惕的样子。

[解读]

① 鞠躬：形容敬畏谨慎的样子。
② 齐：衣裳的下摆。

[10.5]

　　执圭，鞠躬如也，如不胜。上如揖，下如授。勃如战色，足蹜（sù）蹜如有循。享礼，有容色。私觌（dí），愉愉如也。

[白话]

　　孔子出使外国，举行典礼时，手捧着圭，谨慎而敬畏的样子，好像力量不够似的。向上拿，好像在作揖；向下拿，好像要给人。脸色矜持而警觉，脚步促狭而拘谨。献礼物时，显得雍容大方。私下与外国君臣会面时，显得和悦自在。

[解读]

① 圭：玉制礼器。出使外国，使者执此以为信物。
② 享礼：古代出使外国，初到所聘问的国家，便行聘问礼。聘问之后，便行享礼。享礼是使臣向朝聘国君主进献礼物的仪式。

[10.6]

君子不以绀（gàn）緅（zōu）饰，红紫不以为亵服。当暑，袗（zhěn）絺（chī）绤（xì），必表而出之。缁衣，羔裘；素衣，麑（ní）裘；黄衣，狐裘。亵裘长，短右袂。必有寝衣，长一身有半。狐貉之厚以居。去丧，无所不佩。非帷裳，必杀（shài）之。羔裘玄冠不以吊。吉月，必朝服而朝。

[白话]

君子不用天青色与青赤色做衣服的镶边，平常居家的衣服则不用浅红色与紫色。夏天时，穿着细葛布或粗葛布做的单衣，出门一定加一件外衣。穿黑色礼服时，上衣配的是黑色的羔裘；白色礼服配白色的麑裘；黄色礼服配黄色的狐裘。居家所穿的皮裘上衣比一般的要长些，但是袖子要做得短些。睡觉时一定要盖比身长多一半的被子。座位上铺着厚的狐貉皮。服丧期满之后，没有什么不可以佩戴在身。平常穿的衣裳，如果折叠太多层，一定要裁去一些布。不穿戴黑色的羔裘与黑色的礼帽去吊丧。正月初一，一定穿着正式的朝服去朝贺。

[解读]

① 羔裘：用紫羔制的皮衣，古时为诸侯、卿、大夫的朝服。麑为小鹿，狐为狐狸。
② 短右袂：古代有以"右"兼指左右的用法，所以是指两个袖子，而非一长一短。

[10.7]

齐（zhāi），必有明衣，布。齐必变食，居必迁坐。

[白话]

斋戒前，沐浴一定有浴衣，用布做的。斋戒时，一定改变平日的饮食，居住也一定换个房间。

[解读]

① 明衣：古人在斋戒期间沐浴后所穿的干净内衣。
② 变食：改变平日饮食的内容，以简单、洁净、使人寡欲为主。
③ 迁坐：不住平日所居较舒适的卧房。

[10.8]

食不厌精，脍不厌细。食饐（yì）而餲（ài），鱼馁而肉败，不食。色恶，不食。臭（xiù）恶，不食。失饪，不食。不时，不食。割不正，不食。不得其酱，不食。肉虽多，不使胜食气。唯酒无量，不及乱。沽酒市脯（fǔ），不食。不撤姜食，不多食。

[白话]

　　食物不以做得精致为满足，肉类也不以切得细巧为满足。食物放久变了味道，鱼与肉腐烂了，都不吃。颜色难看的，不吃。味道难闻的，不吃。烹调不当的，不吃。季节不对的菜，不吃。切割方式不对的肉，不吃。没有相配的调味料，不吃。即使吃的肉较多，也不超过所吃的饭量。只有喝酒不限量，但是从不喝醉。买来的酒与肉干，不吃。姜不随着食物撤走，但不多吃。

[解读]

① 厌：满足之意。孔子对食物的精粗并不挑剔，但我们须留意孔子所说的"不食"。
② 买来的酒与干肉不吃，《汉书·食货志》说："《论语》孔子当周衰乱，酒酤在民，薄恶不诚，是以疑而不食。"当时百姓所酿之酒颇有问题。这是考虑到卫生与健康。

[10.9]

　　祭于公，不宿肉。祭肉不出三日。出三日，不食之矣。

[白话]

　　参与国家祭祀典礼之后，带回来的祭肉不留到第二天。一般的祭肉保存不超过三天。超过三天的，就不吃了。

[解读]

① 祭于公：大夫与士在助君祭祀时，自己须带一份祭肉，两天典礼结束后再分配一些国家的祭肉。自己带的祭肉带回家之后，一天也不能再多放了。

[10.10]

食不语，寝不言。

[白话]

吃饭时不讨论，睡觉时不说话。

[解读]

① 语：交谈、讨论。讨论也许会影响食欲及消化。
② 言：表示意见。说话可能使心思复杂而无法入梦。

[10.11]

虽疏食菜羹，必祭，必齐（zhāi）如也。

[白话]

即使吃的是粗饭与菜汤，也一定要祭拜，态度一定恭敬而虔诚。

[解读]

① 祭：取出一点食物，放于食器之内，祭最初发明熟食的人，表示不忘本。每日如此，其人心灵之深邃与虔敬可以想见。参照 [3.12]。

[10.12]

席不正，不坐。

［白话］

席子没有放正，不坐下。

［解读］

① 席：正席然后就座，也是礼。这样的小地方也要一丝不苟。也有说"不正"是不依长幼尊卑之序。

［10.13］

乡人饮酒，杖者出，斯出矣。

［白话］

与乡里的人一起聚会饮酒，要等年长的人都离席了，才走出去。

［解读］

① 乡饮酒礼为古礼之一，有四种情况：一是三年宾贤能，二是乡大夫宴国中贤者，三是州长习射饮酒，四是党正腊祭饮酒。现在已经无法想象乡里人的这一类活动了。
② 杖者：古代的人到了六十岁，可以在乡里扶杖而行，表示年长之意，可以得到应有的尊敬。

［10.14］

乡人傩（nuó），朝（cháo）服而立于阼（zuò）阶。

［白话］

乡里的人举行驱逐疫鬼的仪式时，他穿着正式朝服站在东边的台阶上。

[解读]

① 傩：民俗信仰的仪式，用以驱逐疫鬼。
② 阼阶：东边的台阶。古代房子坐北朝南，台阶在东西两方。站在东阶，表示自己是主人，对乡人的仪式虽不参与，但态度尊重。

[10.15]

问人于他邦，再拜而送之。

[白话]

托人向国外的朋友问候送礼时，对所托之人两次作揖才辞别。

[解读]

① 再拜：两次作揖，表示感谢，也表示对国外友人的敬意。

[10.16]

康子馈药，拜而受之。曰："丘未达，不敢尝。"

[白话]

季康子派人送药来，孔子作揖接受。他后来说："我不清楚这种药的药性，不敢服用。"

[解读]

① 达：了解药性才服用，表示谨慎。有人认为孔子深通医理，即

是由此得出的结论。

[10.17]

厩焚。子退朝,曰:"伤人乎?"不问马。

[白话]

家里马棚失火了。孔子从朝廷回来,说:"有人受伤吗?"没有问到马。

[解读]

① 马棚烧了,车夫、马夫、工人等人可能会受伤。他们身份卑微,而孔子并无阶级意识,以平等的态度来关怀所有的人。至于马,在古代属于财物,显然不能与人相提并论。

[10.18]

君赐食,必正席先尝之。君赐腥,必熟而荐之。君赐生,必畜之。侍食于君,君祭,先饭。

[白话]

国君赏赐煮熟的食物,孔子一定端坐好,先吃一些。国君赏赐生肉,他一定煮熟之后,先向祖先进奉。国君赏赐活的生物,他一定先养着。陪同国君进食,在国君饭前行祭时,他先吃。

[解读]

① 先饭:先为国君尝食物,不敢自居为客人,表示尊敬之意。

[10.19]

疾，君视之，东首，加朝服，拖绅。

[白话]

孔子生病时，国君来探望，他改卧在面朝东的方向，身上加盖正式的朝服，还拖着大腰带。

[解读]

① 东首：国君在其国内自视为主人，从东阶入门，所以孔子须面向东来迎接。

[10.20]

君命召，不俟驾行矣。

[白话]

国君有命传召，他不等车驾准备好，就立刻前往。

[解读]

① 行：立即动身，可以节省时间，更表示敬慎之意。

[10.21]

入大庙，每事问。

[白话]

孔子进入周公庙，对每一项礼器与摆设都要发问。

[解读]

① 本章已见于[3.15]。

[10.22]

朋友死，无所归，曰："于我殡。"

[白话]

遇到朋友过世而没人料理后事，孔子就说："我来负责丧葬。"

[解读]

① 孔子的行为表现出深情厚谊，因为朋友必然是家道中落或子孙不肖才会无人料理后事。雪中送炭又一例也。孔子费时费力费钱，只为成全情义。

[10.23]

朋友之馈，虽车马，非祭肉，不拜。

[白话]

朋友送的礼，即使是车与马，只要不是祭肉，孔子也不作揖拜谢。

[解读]

① 拜：祭肉则拜，表示尊重朋友的祖先。至于车马，虽然贵重，如合乎情义，收之可也。

[10.24]

寝不尸,居不客。

[白话]

睡觉的姿势不拘谨僵卧,平时也不像做客那样跪坐着。

[解读]

① 尸:古代祭祀时,以小孩代替祖先坐在台上,称为尸,尸必须保持端正的姿势。这里指姿势拘谨僵卧。

[10.25]

见齐衰者,虽狎必变。见冕者与瞽者,虽亵必以貌。凶服者式之,式负版者。有盛馔,必变色而作。迅雷风烈必变。

[白话]

孔子看见穿孝服的人,虽是平日熟识的,也一定改变态度。看见戴礼帽的与瞎眼的,虽然常常碰面,也一定显出关切的神色。坐在车上时,看见穿丧服的,即使是贩夫走卒,他也身向前倾,手扶横木,以示心意。做客时,有特别丰盛的菜肴,一定端正神色,站起来向主人致意。遇到急雷狂风,一定改变态度。

[10.26]

升车,必正立,执绥。车中,不内顾,不疾言,不亲指。

［白话］

上车时，一定端正站好，再抓住扶手带跨上去。在车中，不向内回顾，不急速说话，不用手指点。

［解读］

① 内顾：东张西望的样子。这三个"不"都是为了防止不礼貌、不恰当的表现。

［10.27］

色斯举矣，翔而后集。曰："山梁雌雉，时哉时哉！"子路共之，三嗅而作。

［白话］

人的脸色稍有变化，山鸡就飞起来，在空中盘旋之后再聚在一起。孔子说："山谷中桥梁上的这些母山鸡啊，懂得时宜！懂得时宜！"子路向它们拱拱手，它们振几下翅膀又飞走了。

［解读］

① 时哉：懂得时宜，意指山鸡看到情况不对，立即飞走。人也应该依时机而行动。
② 嗅：应作"狊"（jú），鸟振翅的样子。

先进 第十一

[11.1]

子曰:"先进于礼乐,野人也;后进于礼乐,君子也。如用之,则吾从先进。"

[白话]

孔子说:"先学习礼乐再得到官位的,是淳朴的一般人;先得到官位再学习礼乐的,是卿大夫的子弟。如果要选用人才,我主张选用先学习再做官的人。"

[解读]

① 先进:与野人对举,表示由质朴而加以教化成为懂礼好乐之人。后进则是先有官位的贵族子弟,他们未必保有质朴的性格,能否学好礼乐亦成问题。

[11.2]

子曰:"从我于陈蔡者,皆不及门也。"

[白话]

孔子说:"跟随我在陈国、蔡国周游的学生,与这两国的君臣都没有什么交往。"

[解读]

① 不及门:没有交往则不得其门而入,所以饱经忧患。孟子说:"君子之阨于陈、蔡之间,无上下之交也。"(《孟子·尽心下》)当时孔子六十三岁,周游列国时受困于陈、蔡之间,绝粮多日,弟子生病,情况凄惨。后来楚昭王出兵相助,才化解了危机。参考[15.2]。

[11.3]

德行:颜渊、闵子骞、冉伯牛、仲弓。言语:宰我、子贡。政事:冉有、季路。文学:子游、子夏。

[白话]

德行优良者:颜渊、闵子骞、冉伯牛、仲弓。言语杰出者:宰我、子贡。长于政事者:冉有、季路。熟悉文献者:子游、子夏。

[解读]

① 德行:四科十哲以德行为首,由此可见孔子教学的主旨。四科由上而下,有优先性与涵盖性,然后才是各有所长。
② 闵子骞:闵损,字子骞,鲁国人,小孔子十五岁。
③ 言语:思想通达,见解过人,才可精于言语。可惜,孔门的这一科在后代未受重视。

[11.4]

子曰:"回也,非助我者也,于吾言无所不说。"

[白话]

孔子说:"颜回啊,不是帮助我的人,他对我所说的话没有不满意的。"

[解读]

① 助:老师希望学生提问,以便教学相长。但是,本章所论的颜渊,却是智慧极高又勤于实践的学生,对孔子的学说默识心通,没有疑问。参考〔2.9〕。

[11.5]

子曰:"孝哉闵子骞!人不间于其父母昆弟之言。"

[白话]

孔子说:"闵子骞真是孝顺啊!别人都不质疑他父母兄弟称赞他的话。"

[解读]

① 间:有不同意见或质疑。参考〔6.9〕、〔11.13〕、〔11.14〕。

[11.6]

南容三复《白圭》,孔子以其兄之子妻之。

[白话]

南容一再诵读《白圭》之诗,孔子把哥哥的女儿嫁给他。

[解读]

① 《白圭》:见于《诗经·大雅·抑》,内容是:"白圭之玷,尚可磨也;斯言之玷,不可为也。"意思是:白玉有瑕疵,还可以磨掉;说话有瑕疵,就没有办法补救了。由此可知他谨言慎行,可保安乐,所以孔子把侄女嫁给他。参考[5.1]、[14.5]。

[11.7]

季康子问:"弟子孰为好学?"孔子对曰:"有颜回者好学,不幸短命死矣,今也则亡(wú)。"

[白话]

季康子问说:"你的学生里面,谁是爱好学习的?"孔子回答说:"有一个叫颜回的爱好学习。遗憾的是,他年岁不大,已经死了。现在没有这样的学生了。"

[解读]

① 本章内容亦见于[6.3],鲁哀公问时,孔子回答较详。

[11.8]

颜渊死,颜路请子之车以为之椁(guǒ)。子曰:"才不才,亦各言其子也。鲤也死,有棺而无椁。吾不徒行以为之椁。以吾从大夫之后,不可徒行也。"

[白话]

　　颜渊死了，颜路向孔子借车来做运棺的礼车。孔子说："不管有没有才能，说起来总是自己的儿子。孔鲤死时，也是只有棺而没有礼车。我并未自己步行而把车当礼车。因为我曾担任大夫，依礼是不可以步行送葬的。"

[解读]

① 颜路：颜渊的父亲，名无繇，字路，小孔子六岁，也是孔子的学生。
② 椁：出殡时的礼车。从"以为之椁"与"不可徒行"二语，可知颜路向孔子借车是为了运椁，而不是一般所说的"内棺外椁"。孔鲤与颜渊的身份都是士，依礼出殡不得用礼车。颜渊死时，孔子七十一岁。前一年，孔鲤已过世了。

[11.9]

　　颜渊死。子曰："噫！天丧予！天丧予！"

[白话]

　　颜渊死了。孔子说："噫！天亡我也！天亡我也！"

[解读]

① 天：天命与人意相违时，孔子无可奈何，只能感叹。这种情绪的背后，仍是深刻的信仰，即使不了解天命，也安心接受。
② "天"是孔子信仰的对象。孔子认为人应该"知天命"[2.4]与"畏天命"[16.8]，得罪了天就无处可以祷告[3.13]，不可欺天[9.12]，否则"天厌之"[6.28]。他还认为只有天了

解他［14.35］，他不反对别人说"天将以夫子为木铎"［3.24］，他自己则相信"天生德于予"［7.23］，以及"天之未丧斯文也，匡人其如予何"［9.5］。因此之故，在颜渊死时，他才会感叹"天丧予"。

［11.10］

颜渊死，子哭之恸。从者曰："子恸矣！"曰："有恸乎？非夫人之为恸而谁为？"

[白话]

颜渊死了，孔子哭得非常伤心。跟随在旁的学生说："老师过度伤心了！"孔子说："我有过度伤心吗？我不为这样的人过度伤心，又要为谁过度伤心呢？"

[解读]

① 恸：伤心过度。为颜渊而恸，也为自己的理想无法传承，为天下少了圣贤之才而恸。

［11.11］

颜渊死，门人欲厚葬之。子曰："不可。"门人厚葬之。子曰："回也，视予犹父也，予不得视犹子也。非我也，夫二三子也。"

[白话]

颜渊死了，同学们想要举行隆重的葬礼。孔子说："这样不可以。"同学们还是举行了隆重的葬礼。孔子说："颜回啊！你把我看做像父亲一样，我却不能把你看做像儿子一样。这件不合礼的事不是我的主意，是你的同学们做的啊！"

[解读]

① 厚葬：家贫不应厚葬，否则就有违礼之嫌。
② 犹父：古代师生如父子，孔子与颜渊是典型的例子。孔子的意思是如果视颜回如子，就不会违礼厚葬。

[11.12]

季路问事鬼神。子曰："未能事人，焉能事鬼？"曰："敢问死？"曰："未知生，焉知死？"

[白话]

子路请教如何服侍鬼神。孔子说："没有办法服侍活人，怎么有办法服侍鬼神？"子路又问："胆敢请教死是怎么回事？"孔子说："没有了解生的道理，怎么会了解死的道理？"

[解读]

① 鬼神：包括天神、地祇、人鬼等超自然的存在或力量。人应如何与他们保持适当关系？子路的问题非常重要，而孔子的回答举重若轻，推源于当下的人类世界。因为没有人类，一切皆不必谈。孔子对鬼神的理解，参看[2.24]、[6.22]。
② 死：孔子所知之死，是与生不可分的。只有知道如何生与为何生，才能明白死的意义。离生而言死，只是诞妄；离死而言生，只是愚蒙。《论语》中，"生"字出现十六次，"死"字出现三十八次，所以我们不必认为孔子不知死的道理。

[11.13]

闵子侍侧,訚（yín）訚如也;子路,行（hàng）行如也;冉有、子贡,侃侃如也。子乐。曰:"若由也,不得其死然。"

[白话]

闵子骞站在孔子旁边,看起来正直的样子;子路,看起来刚强的样子;冉有与子贡,看起来和悦的样子。孔子很高兴。稍后又说:"像由这样,恐怕将来不得善终。"

[解读]

① 由:子路刚强又好勇,在乱世中恐怕难以免祸,所以孔子为他担心。子路后来卷入卫国父子争位的乱局,不幸遇害,时年孔子七十二岁。

[11.14]

鲁人为长府。闵子骞曰:"仍旧贯,如之何?何必改作?"子曰:"夫人不言,言必有中。"

[白话]

鲁国官员准备扩建叫长府的国库。闵子骞说:"照着原来的规模有什么不可以呢?为什么一定要重新扩建?"孔子说:"这个人平常不说话,一说话就很中肯。"

[解读]

① 长府:鲁国国库,内有财货兵械。此事发生的背景是鲁昭公与三家之间的权力争夺。闵子骞认为扩建国库不但劳民伤财,而

且将带来动乱。

[11.15]

子曰:"由之瑟,奚为于丘之门?"门人不敬子路。子曰:"由也升堂矣,未入于室也。"

[白话]

孔子说:"由所弹的这种瑟声,怎么会出现在我的门下呢?"其他的学生听了这话就不尊重子路。孔子说:"由的修养已经登上大厅,还没有进入深奥的内室而已。"

[解读]

① 瑟:古代乐器,常琴瑟并称。《孔子家语》说:"子路鼓瑟,有北鄙杀伐之声,盖其气质刚勇而不足于中和。"可供参考。
② 堂:正厅,再走进去则是内室,表示抵达最高境界。孔子的意思是子路已经不错了。以此标准,大概只有颜渊是"入室弟子"。

[11.16]

子贡问:"师与商也孰贤?"子曰:"师也过,商也不及。"曰:"然则师愈与?"子曰:"过犹不及。"

[白话]

子贡请教:"师与商两个人,谁比较杰出?"孔子说:"师的言行过于急进,商则稍嫌不足。"子贡说:"那么,师要好一些吗？"孔子说："过度与不足同样不好。"

[解读]

① 师：颛孙师，字子张，参考 [19.16]。商：卜商，字子夏。
② 个性有过与不及，都需要向中间修正。人有时一生皆受制于性格而无可奈何。此二人之对比，参看 [19.3]。

[11.17]

季氏富于周公，而求也为之聚敛而附益之。子曰："非吾徒也。小子鸣鼓而攻之，可也。"

[白话]

季氏的财富超过鲁君，而冉求还为他聚敛，更增加了他的财富。孔子说："冉求不是我的同道，同学们可以敲着大鼓去批判他。"

[解读]

① 周公：指作为周公后代的鲁君。当时鲁国由鲁君与三家分而有之，而季氏独大，又增加田赋，冉求就是忠于季氏而忽略大义的人。孔子对他的失望，溢于言表。

[11.18]

柴也愚，参也鲁，师也辟，由也喭（yàn）。

[白话]

柴生性愚笨，参生性迟钝，师生性偏激，由生性鲁莽。

[解读]

① 柴：高柴，字子羔，孔子的学生，小孔子三十岁。本章所论四位学生（高柴、曾参、子张、子路）皆就其生性而言，侧重天生的气质与性格。所谓"因材施教"，正是由此开始。孔子的学生原来也是平凡人，但是受过教育之后，令人刮目相看。

[11.19]

子曰："回也其庶乎，屡空。赐不受命而货殖焉，亿则屡中。"

[白话]

孔子说："颜回的修养已经差不多了，可是常常穷得一文不名。端木赐不受官府之命所约束，自行经营生意，猜测涨跌常常很准。"

[解读]

① 不受命：古代的正式商人必须受命于官府，子贡没有受命于官府，所以不属于"商贾"。司马迁《史记·货殖列传》即介绍了子贡。因此，不受命与此有关，而不必扯到天命、禄命、教命等。

[11.20]

子张问善人之道。子曰："不践迹，亦不入于室。"

[白话]

子张请教善人的作风如何。孔子说："他不会随俗从众，但是修养也还没有抵达最高境界。"

[解读]

① 善人：有志为善的人或行善有成的人。领悟了"仁"，才能明白"为何"行善，即为何须从自我要求到兼善天下，必要时还要牺牲生命。善人未必知仁，光是行善仍有不足。关于善人，参考［7.26］、［13.11］、［13.29］。

[11.21]

子曰："论笃是与，君子者乎？色庄者乎？"

[白话]

孔子说："言论笃实固然值得肯定，但也要分辨他是言行合一的君子，还是面貌显得庄重的人？"

[解读]

① 与：肯定、赞许。本章提醒人察言观色固然不错，然言行合一才最为重要。

[11.22]

子路问："闻斯行诸？"子曰："有父兄在，如之何其闻斯行之？"冉有问："闻斯行诸？"子曰："闻斯行之。"公西华曰："由也问闻斯行诸，子曰'有父兄在'；求也问闻斯行诸，子曰'闻斯行之'。赤也惑，敢问。"子曰："求也退，故进之；由也兼人，故退之。"

[白话]

　　子路请教:"听到可以做的事就去做吗?"孔子说:"父亲与哥哥还在,怎么能听到可以做的事就去做呢?"冉有请教:"听到可以做的事就去做吗?"孔子说:"听到可以做的事就去做。"公西华说:"由请教听到可以做的事就去做吗,老师说'父亲与哥哥还在';求请教听到可以做的事就去做吗,老师说'听到可以做的事就去做'。我觉得有些困惑,冒昧来请教。"孔子说:"求做事比较退缩,所以我鼓励他前进;由做事勇往直前,所以我让他保守些。"

[解读]

① 闻斯:听到可以做的事。此处"可以"不是指明确合义合礼之事,而是指可以选择做或不做的事,如赈穷救灾,这样的事必须量力而为。本章是因材施教的典型例子。一进一退之间,学生受益终身。

② 关于冉求的性格,可参考[6.12],子路则见于[11.18]。

[11.23]

　　子畏于匡,颜渊后。子曰:"吾以女为死矣。"曰:"子在,回何敢死?"

[白话]

　　孔子被匡城的群众所围困,颜渊后来才赶到。孔子说:"我以为你遇害了呢。"颜渊说:"老师活着,颜回怎么敢死呢?"

[解读]

① 何敢死:在古代的观念中,父母健在时,子女不能轻易冒险,

更不必说先死了。颜渊视老师如父亲,所以这样说。若老师有了不幸,则师仇亦不共戴天,将为之伸张正义,死而无悔。参照[9.5]。

[11.24]

季子然问:"仲由、冉求可谓大臣与?"子曰:"吾以子为异之问,曾由与求之问。所谓大臣者,以道事君,不可则止。今由与求也,可谓具臣矣。"曰:"然则从之者与?"子曰:"弑父与君,亦不从也。"

[白话]

季子然请教:"仲由与冉求可以称得上是大臣吗?"孔子说:"我以为你要问别的事,原来是问由与求。所谓大臣,是以正道来服侍君主,行不通就辞职。现在由与求二人,只可以说是称职的臣子。"季子然说:"那么,他们唯命是从吗?"孔子说:"遇到长官杀父亲与杀君主的事,他们也不会顺从的。"

[解读]

① 季子然:季氏子弟。
② 具臣:称职的臣子,可以尽忠职守。孔子列名于"政事科"[11.3]的两位学生,都只达到"具臣"水平,难怪孔子会觉得失望。

[11.25]

子路使子羔为费宰。子曰:"贼夫人之子。"子路曰:"有民人焉，有社稷焉，何必读书，然后为学？"子曰："是故恶夫佞者。"

[白话]

　　子路安排子羔担任费县县长。孔子说："你这样做，害了这个年轻人。"子路说："有百姓与各级官员，也有土地与五谷，为什么一定要读书才算是求学呢？"孔子说："这就是我讨厌能言善辩者的缘故。"

[解读]

① 为学：为学本来不限于读书，子路的说法没有错。但是不读书或读书未成，就投入实际政事，所学有限，不免会犯错。
② 子路不善言辞，在此却说出一番道理，引来孔子的教训。

[11.26]

　　子路、曾晳、冉有、公西华侍坐。
　　子曰："以吾一日长（zhǎng）乎尔，毋吾以也。居则曰：'不吾知也！'如或知尔，则何以哉？"
　　子路率尔而对曰："千乘之国，摄乎大国之间，加之以师旅，因之以饥馑。由也为之，比及三年，可使有勇，且知方也。"夫子哂（shěn）之。
　　"求！尔何如？"对曰："方六七十，如五六十，求也为之，比及三年，可使足民。如其礼乐，以俟君子。"
　　"赤！尔何如？"对曰："非曰能之，愿学焉。宗庙之事，如会同，端章甫，愿为小相焉。"
　　"点！尔何如？"鼓瑟希，铿（kēng）尔，舍瑟而作，对曰：

"异乎三子者之撰。"子曰:"何伤乎? 亦各言其志也。"曰:"莫(mù)春者,春服既成,冠者五六人,童子六七人,浴乎沂(yí),风乎舞雩(yú),咏而归。"夫子喟然叹曰:"吾与点也!"

三子者出,曾皙后。曾皙曰:"夫三子者之言何如?"子曰:"亦各言其志也已矣。"曰:"夫子何哂由也?"曰:"为国以礼,其言不让,是故哂之。""唯求则非邦也与?""安见方六七十,如五六十,而非邦也者?""唯赤则非邦也与?""宗庙会同,非诸侯而何? 赤也为之小,孰能为之大?"

[白话]

子路、曾皙、冉有、公西华在旁边坐着。

孔子说:"我比你们虚长几岁,希望你们不要因此觉得拘谨。平日你们常说:'没有人了解我!'如果有人了解你们,又要怎么做呢?"

子路立刻回答说:"一千辆兵车的国家,夹处在几个大国之间,外面有军队侵犯,国内又碰上饥荒。如果让我来治理,只要三年,就可以使百姓变得勇敢,并且明白道理。"孔子听了微微一笑。

接着问:"求! 你怎么样?"冉有回答说:"纵横有六七十里或五六十里的地方,如果让我来治理,只要三年,就可以使百姓富足。至于礼乐教化,则须等待高明的君子了。"

再问:"赤! 你怎么样?"公西华回答说:"我不敢说自己可以做到,只是想要这样学习:宗庙祭祀或者国际盟会,我愿意穿礼服戴礼帽,担任一个小司仪。"

又问:"点! 你怎么样?"曾皙弹瑟的声音渐稀,然后铿的一声,把瑟推开,站起来回答:"我与三位同学的说法有所不同。"孔子说:"有什么妨碍呢? 各人说出自己的志向罢了。"曾皙说:"暮春三月时,春天的衣服早就穿上了,我陪同五六个成年人，六七个小孩子，到沂水边洗洗澡，在舞雩台上吹吹风，然后一路唱着歌回家。"孔子听了赞叹一声，说："我欣赏点的志向啊！"

　　三位同学离开了房间，曾晳留在后面，没有出去。曾晳说："那么三位同学的话怎么样？"孔子说："各人说出自己的志向罢了。"曾晳接着问："老师为什么对由的话要微笑呢？"孔子说："治理国家要靠礼，他说话却毫不谦让，所以笑他。"曾晳再问："难道求所讲的不是指国家吗？"孔子说："怎么看出纵横六七十里或五六十里的地方不是国家呢？"曾晳又问："难道赤所讲的不是指国家吗？"孔子说："举行宗庙祭祀与国际盟会，不是诸侯之国又是什么？赤如果只做个小司仪，谁又能做大司仪呢？"

[解读]

① 曾晳：曾点，字子晳，与其子曾参皆为孔子的学生。他的志向是要配合天时（暮春）、地利（沂水、舞雩台）、人和（冠者五六人，童子六七人），由此自得其乐，随遇而安。孔子欣赏他的志向，表明儒家在深刻的入世情怀外，也有潇洒自在的意趣。

颜渊　第十二

[12.1]

颜渊问仁。子曰:"克己复礼为仁。一日克己复礼,天下归仁焉。为仁由己,而由人乎哉?"颜渊曰:"请问其目。"子曰:"非礼勿视,非礼勿听,非礼勿言,非礼勿动。"颜渊曰:"回虽不敏,请事斯语矣。"

[白话]

颜渊请教如何行仁。孔子说:"能够自己做主去实践礼的要求,就是人生正途。不论什么时候,只要能够自己做主去实践礼的要求,天下人都会肯定你是走在人生正途上。走上人生正途是完全靠自己的,难道还能靠别人吗?"颜渊说:"希望指点一些具体做法。"孔子说:"不合乎礼的不去看,不合乎礼的不去听,不合乎礼的不去说,不合乎礼的不去做。"颜渊说:"我虽然不够聪明,也要努力做到这些。"

[解读]

① 仁:学生只知道行仁很重要,但不明白"行仁"指的就是人生正途,这种人生正途又与择善固执有关。孔子指点个别学生如何择善,因材施教,因而没有标准答案。颜渊是孔子最好的学

生，仁是孔子的一贯之道，因此孔子在此的回答应是他人生体验极为深刻的部分。

② 克己复礼：这四个字不能分两段说，而应一气呵成，否则"己"与"礼"互相对立，难免沦为性恶之说或认为礼是外加于人的观点。许多学者在此提及《左传·昭公十二年》有"仲尼曰：古也有志，克己复礼，仁也"，孔子博学多闻，读过这句古话。姑不论其原意为何，孔子温故而知新，亦可表达"能自己做主去实践礼"这种"化被动为主动"的人生观。这句话是指人应该自觉而自愿，自主而自动，去实践礼的要求。礼是规范群体秩序、促进群体和谐所不可或缺的因素。个人与群体的紧张关系在此化解于无形，使"仁"字"从人从二"的感通意义充分实现，然后天下人自然肯定你是走在人生正途上了。另外，和"克己复礼"结构类似的句子有"行己也恭"[5.15]，"行己有耻"[13.20]，"恭己正南面"[15.5]等。这一类句法是古代的"简写"，"行己"为"使己行"，"恭己"为"使己恭"，"克己"是"使己克"。

③ 为仁由己：克己与由己并观，更显示出人的主动性是行仁的关键。至于复礼，则紧扣以下四目而言。因为所谓实践礼的要求，具体而言就是要做到"四勿"，如此人生之行才可一帆风顺。

④ 退一步说，假定"克己复礼"是朱注所谓"胜私欲而复于礼"，那么在颜渊请问其目时，孔子说的"四勿"不是接近重复此说吗？像颜渊这种闻一知十的弟子，需要重复说类似的话吗？因此，孔子之意是：行仁须主动，而下手的工夫则由被动（四勿）做起。修养的秘诀即在：化被动为主动，其最高境界则是孔子之"七十而从心所欲不逾矩"[2.4]。

[12.2]

仲弓问仁。子曰:"出门如见大宾,使民如承大祭。己所不欲,勿施于人。在邦无怨,在家无怨。"仲弓曰:"雍虽不敏,请事斯语矣。"

[白话]

仲弓请教如何行仁。孔子说:"走出家门,像是去接待重要的宾客;使唤百姓,像是去承办重要的祭典。自己不喜欢的,不要加在别人身上。在诸侯之国服务,没有人抱怨;在大夫之家服务,也没有人抱怨。"仲弓说:"我虽然不够聪明,也要努力做到这些。"

[解读]

① 孔子的三句话表达了三层意思:一是与人交往要存敬守礼,二是以恕道增益人间情谊,三是由无私促成群体和谐。层层递进,正是明确指向人生正途。参考[15.24]。

[12.3]

司马牛问仁。子曰:"仁者,其言也讱(rèn)。"曰:"其言也讱,斯谓之仁已乎?"子曰:"为之难,言之得无讱乎!"

[白话]

司马牛请教如何行仁。孔子说:"行仁的人,说话非常谨慎。"司马牛再问:"说话非常谨慎,就可以称得上是行仁了吗?"孔子说:"这是很难做到的,一般人说话做不到非常谨慎的!"

[解读]

① 司马牛：司马犁，字子牛，宋人。
② 讱：说话非常谨慎。也许这是孔子针对司马牛"多言而躁"的毛病，为他指点的人生正途。不过，从"刚、毅、木、讷，近仁"[13.27]来看，这也可以说是孔子的基本观点：行仁的人不轻易说话，却敏于实践。

[12.4]

司马牛问君子。子曰："君子不忧不惧。"曰："不忧不惧，斯谓之君子已乎？"子曰："内省不疚，夫何忧何惧？"

[白话]

司马牛请教怎样才是君子。孔子说："君子不忧愁也不恐惧。"司马牛再问："不忧愁也不恐惧，这样就可以称得上是君子了吗？"孔子说："能做到反省自身而没有任何愧疚，这样又忧愁什么、恐惧什么？"

[解读]

① 内省不疚：问心无愧，这是不忧不惧的前提。做到这一点，谈何容易！司马牛未及深思就以为什么都很容易，真是个难教的学生。参看[9.29]。

[12.5]

司马牛忧曰："人皆有兄弟，我独亡。"子夏曰："商闻之矣：死生有命，富贵在天。君子敬而无失，与人恭而有礼。四海之内皆兄弟也，君子何患乎无兄弟也？"

[白话]

　　司马牛很忧愁,说:"别人都有兄弟,就是我没有。"子夏说:"我听到的说法是:死生各有命运,富贵由天安排。君子态度认真而言行没有差错,对人谦恭而往来合乎礼节。那么四海之内的人都可以称兄道弟,君子又何必担心没有兄弟呢?"

[解读]

① 桓魋为司马牛之兄,曾想加害孔子[7.23],司马牛心忧其兄乱而将死,所以会感叹自己没有兄弟。
② 闻之:子夏所听到的,应该就是孔子说过的话,不然没有必要记于《论语》中。所说内容可圈可点。
③ "命"与"天",在此是就人的遭遇而言,属于命运范围,参考[6.10]。接下去谈的君子,则属于个人可以自行抉择的使命了。
④ 四海之内:所指的是天下人。古代对海外的状况并不清楚,现在则可以包括一切人在内。天下人皆如此,乃因人性向善,对"敬"与"恭"都有正面回应。参照[13.14]。

[12.6]

　　子张问明。子曰:"浸润之谮(zèn),肤受之愬(sù),不行焉,可谓明也已矣。浸润之谮,肤受之愬,不行焉,可谓远也已矣。"

[白话]

　　子张请教明见的道理。孔子说:"日积月累的谗言与急迫切身的毁谤,在你这里都行不通,你可以说是有明见了。日积月累的谗言与急迫切身的毁谤,在你这里都行不通,你可以说是有远见了。"

[解读]

① 明：明见，看得明白。"明"与"远"并论，大概是为了解说《书经·太甲中》的"视远惟明"一语。孔子的回答指出不必舍近求远，能明见身边的小诡计，就是明，也就是远了。

[12.7]

子贡问政。子曰："足食，足兵，民信之矣。"子贡曰："必不得已而去，于斯三者何先？"曰："去兵。"子贡曰："必不得已而去，于斯二者何先？"曰："去食。自古皆有死，民无信不立。"

[白话]

子贡请教政治的做法。孔子说："使粮食充足，使军备充足，使百姓信赖政府。"子贡再问："如果迫不得已要去掉一项，先去掉这三项中的哪一项？"孔子说："去掉军备。"子贡又问："如果迫不得已还要去掉一项，先去掉这两项中的哪一项？"孔子说："去掉粮食。自古以来，人总难免一死，但是百姓若不信赖政府，国家就无法存在了。"

[解读]

① 信：百姓信赖政府。这是指施政的同时要配合教化，社会因而稳定和谐。若是去掉这种信，活着不但受苦，而且谈不上任何教化。参考 [13.9]。

[12.8]

棘子成曰："君子质而已矣，何以文为？"子贡曰："惜乎，夫子之说君子也！驷不及舌。文犹质也，质犹文也。虎豹之鞟（kuò）犹犬羊之鞟。"

[白话]

　　棘子成说："君子只要有质朴就够了，要文饰做什么呢？"子贡说："先生这样谈论君子，令人感到遗憾！须知一言既出，驷马难追。如果文饰就像质朴一样，质朴也像文饰一样，那么去掉文饰的话，虎豹的皮就像犬羊的皮一样了。"

[解读]

① 棘子成：卫国大夫，古代对大夫可称夫子。他的话有些愤世嫉俗，说得太偏激。子贡的评论是基于孔子"文质彬彬"[6.18]的观点。
② 鞟：皮去毛。兽皮以鞟为质，以毛为文。

[12.9]

　　哀公问于有若曰："年饥，用不足，如之何？"有若对曰："盍彻乎？"曰："二，吾犹不足，如之何其彻也？"对曰："百姓足，君孰与不足？百姓不足，君孰与足？"

[白话]

　　鲁哀公问有若："今年收成不好，国家财用不够，要怎么办呢？"有若回答说："为什么不实行抽税十分之一的办法呢？"哀公说："抽税十分之二，我都还嫌不够用，怎么能抽税十分之一呢？"有若回答说："百姓够用的话，您怎么会不够用？百姓不够用的话，您又怎么会够用？"

[解读]

① 有若：在《论语》中，常称有子。他说话的口气有些像孔子。参照［1.2］、［1.12］。

[12.10]

子张问崇德辨惑。子曰："主忠信，徙义，崇德也。爱之欲其生，恶之欲其死，既欲其生又欲其死，是惑也。"

[白话]

子张请教如何增进德行与辨别迷惑。孔子说："以忠诚信实为原则，认真实践该做的事，这样就能增进德行。喜爱一个人，希望他活久一些；厌恶他时，又希望他早些死去；既要他生，又要他死，这样就是迷惑。"

[解读]

① 欲：主观愿望，常受情绪（如爱、恶）影响，因而制造出各种困扰与迷惑。
② 本章最后原来有"诚不以富，亦只以异"一语，应该移到［16.12］。
③ 关于"辨惑"，参考［12.21］。

[12.11]

齐景公问政于孔子。孔子对曰："君君，臣臣，父父，子子。"公曰："善哉！信如君不君，臣不臣，父不父，子不子，虽有粟，吾得而食诸？"

[白话]

　　齐景公询问孔子政治的做法。孔子回答说:"君要像君,臣要像臣,父要像父,子要像子。"齐景公说:"说得对呀!如果君不像君,臣不像臣,父不像父,子不像子,就算粮食很多,我有办法吃到吗?"

[解读]

① "君君,臣臣,父父,子子",这四个并列词组中,第一个字是"名",第二个字是"实"。有君之名还须有君之实。不仅如此,"实"是指"分"而言,就是"标准、理想"的意思。于是,君臣父子都应该努力效法理想的君臣父子,而不能徒有其名。此事约发生在孔子三十五六岁时。当时鲁昭公被季氏所逐而奔齐,孔子追随昭公至齐国。

[12.12]

　　子曰:"片言可以折狱者,其由也与?"子路无宿诺。

[白话]

　　孔子说:"根据一面之词,就可以查出实情、判决案件的,大概就是由吧!"子路答应要做任何事,从不拖延。

[解读]

① 片言:诉讼中的一面之词。《尚书·吕刑》有所谓"单辞"(一人独言,未有与之对认),即是本章所说的"片言"(半言)。别人判案必须听双方的说法,子路为人忠信果决,所以有些特殊才干。孔子的意思并不是说子路经常片言折狱,而是肯定他

有这种能力。如果以"片言"为三言两语，则并非难事，又何必说"其由也与"？

② 孔子对子路的肯定，还有［5.6］、［9.27］。

［12.13］

子曰："听讼，吾犹人也。必也使无讼乎。"

［白话］

孔子说："审判诉讼案件，我与别人差不多。如果一定要有所不同，我希望使诉讼案件完全消失。"

［解读］

① 必也：这是转接语，意思是如果一定要如何（有所不同或做得更好）。
② 无讼：教化大行，则人人守法重礼，诉讼案件自然消失。《大学》引孔子此语，并继续说："无情者不得尽其辞，大畏民志。此谓知本。"意为：让那些不肯说明实情的人，没办法捏造一大套虚妄的话，要严厉警惕百姓不能有欺瞒的心思。这称为知道根本。
③ 孔子与一般人的对比，参照［7.33］。

［12.14］

子张问政。子曰："居之无倦，行之以忠。"

［白话］

子张请教政治的做法。孔子说："在职位上不要倦怠，执行职务态度忠诚。"

[解读]

① 之：指从政后的职位与职务。子张另一次问政，参看[20·2]。关于"无倦"，参看[13.1]。

[12.15]

子曰："博学于文，约之以礼，亦可以弗畔矣夫！"

[白话]

孔子说："有志成为君子的人，广泛学习文献知识，再以礼来约束自己的行为，这样也就不至于背离人生正途了。"

[解读]

① 本章已见于[6.27]。

[12.16]

子曰："君子成人之美，不成人之恶。小人反是。"

[白话]

孔子说："君子帮助别人完成善行，不帮助别人完成恶行。小人则正好相反。"

[解读]

① 美：与恶相对，指善行而言，但意思更广，包括一切可喜可欲

者、无伤大雅者。对照［4.1］。
② 有关君子与小人的对比，参看［2.14］解读③。

［12.17］
　　季康子问政于孔子。孔子对曰："政者，正也。子帅以正，孰敢不正？"

［白话］
　　季康子请教孔子政治的做法。孔子回答说："政的意思就是正。您带头走上正道，谁敢不走上正道呢？"

［解读］
① 　正：一方面这是上行下效，另一方面人性也是向着正道的，否则一旦政治领袖不善，天下百姓岂不绝望？参看［12.19］、［13.6］。

［12.18］
　　季康子患盗，问于孔子。孔子对曰："苟子之不欲，虽赏之不窃。"

［白话］
　　季康子为了盗贼太多而烦恼，向孔子请教对付的办法。孔子回答说："如果您自己不贪求财货，就是有奖励他们也不会去偷窃。"

［解读］
① 　不欲：在上位者贪得无厌，有些人迫于生计或有样学样，就沦

为盗贼了。反之,百姓将有廉耻之心,自重自爱。孔子的话非常坦白,好像宁可说得夸张一些,以便听者早些觉悟。参照〔12.17〕、〔12.19〕。

〔12.19〕

季康子问政于孔子曰:"如杀无道,以就有道,何如?"孔子对曰:"子为政,焉用杀?子欲善而民善矣。君子之德风,小人之德草。草上之风,必偃。"

〔白话〕

季康子向孔子请教政治的做法,他说:"如果杀掉为非作歹的人,亲近修德行善的人,这样做如何?"孔子回答说:"您负责政治,何必要杀人?您有心为善,百姓就会跟着为善了。政治领袖的言行表现,像风一样;一般百姓的言行表现,像草一样。风吹在草上,草一定跟着倒下。"

〔解读〕

① 道:无道与有道,泛指恶人与善人。所谓恶人,大概是季康子心目中违法乱纪之辈。
② 德:言行表现有一定的特色或作风。此处,与善恶无关。《尚书·君陈》有"尔其戒哉,尔惟风,下民惟草"一语。
③ 必偃:前面谈"善",后面谈"必偃"。不仅是善,恶也会造成"必偃"的后果,亦即孟子所谓的"上有好者,下必有甚焉者矣"。但是,谈到政治效应时,孔子一向论善不论恶,因为他对人的观念不曾离开"仁",亦即"人性向善"。参看〔12.17〕、〔12.18〕、〔13.6〕。

[12.20]

子张问:"士何如,斯可谓之达矣?"子曰:"何哉?尔所谓达者?"子张对曰:"在邦必闻,在家必闻。"子曰:"是闻也,非达也。夫达也者,质直而好义,察言而观色,虑以下人。在邦必达,在家必达。夫闻也者,色取仁而行违,居之不疑。在邦必闻,在家必闻。"

[白话]

子张请教:"读书人要怎么做,才可以称为通达?"孔子说:"你所谓的通达是什么意思?"子张回答说:"在诸侯之国任官一定成名,在大夫之家任职也一定成名。"孔子说:"这是成名,不是通达。通达的人,品性正直而爱好行义,认真听人说话、看人神色,凡事都想谦逊自处。这样的人,在诸侯之国任官一定通达,在大夫之家任职也一定通达。至于成名的人,表面看来忠厚而实际行为是另一回事,他还自认为不错而毫不疑惑。这种人在诸侯之国任官一定成名,在大夫之家任职也一定成名。"

[解读]

① 达:通达,也可以说是发达,所以子张才会把它与成名混淆。
② 仁:在此是指忠厚的样子,所以是可以装出来的。

[12.21]

樊迟从游于舞雩之下,曰:"敢问崇德,修慝(tè),辨惑。"子曰:"善哉问!先事后得,非崇德与?攻其恶,无攻人之恶,非修慝与?一朝之忿,忘其身以及其亲,非惑与?"

[白话]

樊迟陪同孔子在舞雩台下游憩时,说:"胆敢请教如何增进德行,消除积怨与辨别迷惑?"孔子说:"问得好!先努力工作然后再想报酬的事,不是可以增进德行吗?批判自己的过错而不要批判别人的过错,不是可以消除积怨吗?因为一时的愤怒就忘记自己的处境与父母的安危,不是迷惑吗?"

[解读]

① 修慝:消除积怨。"慝"是藏匿在心中的怨恨。经常反省与批判自己的过错,就没有多余的心力去怨恨别人了。本章主要谈的是自我修养的功夫。
② 关于"辨惑",参考[12.10]。

[12.22]

樊迟问仁。子曰:"爱人。"问知。子曰:"知人。"樊迟未达。子曰:"举直错诸枉,能使枉者直。"樊迟退,见子夏曰:"乡也吾见于夫子而问知,子曰'举直错诸枉,能使枉者直',何谓也?"子夏曰:"富哉言乎!舜有天下,选于众,举皋陶(yáo),不仁者远矣。汤有天下,选于众,举伊尹,不仁者远矣。"

[白话]

樊迟请教如何行仁,孔子说:"爱护别人。"他再请教如何算是明智,孔子说:"了解别人。"樊迟没有听懂。孔子说:"提拔正直的人,使他们位于偏曲的人之上,就可以使偏曲的人也变得正直。"樊迟退出房间,看到子夏说:"刚才我去见老师,向他请教如何算是明智,老师说'提拔正直的人,使他们位于偏曲的人之上，就可以使偏曲的人也变得正直'，这是什么意思呢？"子夏说："这句话真是含义丰富啊！舜统治天下时，在众人中挑选，把皋陶提拔出来，不走正路的人就远远离开了。汤统治天下时，在众人中挑选，把伊尹提拔出来，不走正路的人就远远离开了。"

[解读]

① 爱人：爱护别人。这是孔子指点樊迟的人生正途，既切身又明白，就怕说起来容易，做起来无从下手。更难的是，爱人不是不分善恶，而须爱之以道。

② 不仁者：泛指不走正路的人，亦即坏人。但是，人之好坏并非一成不变，而是人生历程中上进或堕落的结果。参照 [6.22]、[13.19]。

[12.23]

子贡问友。子曰："忠告（gù）而善道（dǎo）之，不可则止，毋自辱焉。"

[白话]

子贡请教交友之道。孔子说："朋友若有过错，要真诚相告而委婉劝导。他若不肯听从，就闭口不说，以免自取其辱。"

[解读]

① 友：真正的朋友应该是"道义相期、肝胆相照、荣辱相关、过失相规"。以此标准视之，朋友实在不多。一般所谓朋友，常由同学、同乡、同事、同行、同道等衍化而来。孔子这里所说的原则也照样适用。参看 [4.26]。

[12.24]

曾子曰:"君子以文会友,以友辅仁。"

[白话]

曾子说:"君子以谈文论艺来与朋友相聚,再以这样的朋友来帮助自己走上人生正途。"

[解读]

① 文:谈文论艺。这在古代是少数知识分子的活动,现在教育普及,媒体发达,人人皆可谈文论艺,譬如读书会、研习会都算是这一类的活动。
② 友:朋友互相勉励与扶持,共同走在人生正途上。

子路　第十三

[13.1]

　　子路问政。子曰:"先之劳之。"请益。曰:"无倦。"

[白话]

　　子路请教政治的做法。孔子说:"自己带头做事,同时使百姓勤劳工作。"子路想知道进一步的作为,孔子说:"不要倦怠。"

[解读]

① 之:指百姓,因为谈的是政治,亦即治理百姓。
② 无倦:意思正是择善固执的"固执"。人生路上,不必常想新的点子或办法,照着该做的去做,持之以恒就是上策。参照 [12.14]。

[13.2]

　　仲弓为季氏宰,问政。子曰:"先有司,赦小过,举贤才。"曰:"焉知贤才而举之?"子曰:"举尔所知,尔所不知,人其舍诸?"

[白话]

　　仲弓担任季氏的总管,向孔子请教政治的做法。孔子说:"先责成各级官员任事,不计较他们的小过失,提拔优秀的人才。"仲弓再问:"怎样才能认出优秀的人才,进而予以提拔呢?"孔子说:"提拔你所认识的,你不认识的,别人难道会错过吗?"

[解读]

① 宰:大夫之家的家臣,其下有各级官员,称为有司,各司其职。

[13.3]

　　子路曰:"卫君待子而为政,子将奚先?"子曰:"必也正名乎!"子路曰:"有是哉,子之迂也!奚其正?"子曰:"野哉,由也!君子于其所不知,盖阙如也。名不正,则言不顺;言不顺,则事不成;事不成,则礼乐不兴;礼乐不兴,则刑罚不中;刑罚不中,则民无所措手足。故君子名之必可言也,言之必可行也。君子于其言,无所苟而已矣。"

[白话]

　　子路说:"假如卫君请您去治理国政,您要先做什么?"孔子说:"一定要我做的话,就是纠正名分了!"子路说:"您未免太迂阔了吧!有什么好纠正的呢?"孔子说:"你真是鲁莽啊!君子对于自己不懂的事,应该保留不说。名分不纠正,言语就不顺当;言语不顺当,公务就办不成;公务办不成,礼乐就不上轨道;礼乐不上轨道,刑罚就失去一定标准;刑罚失去一定标准,百姓就惶惶然不知所措了。因此,君子定下一种名分,一定要让它可以说得顺当;说得出来的,也一定让它可以行得通。君子对于自己的言论，要求做到一丝不苟罢了。"

[解读]

① 正名：名指名分。当时卫国出公在位十二年，其父蒯聩原为世子，却不得继位。父子君臣之名分皆有待纠正，后来演变为父子争国的局面。子路事出公，遇难而死。
② 名不正：这一系列推论，必须放在治国的脉络中来理解。

[13.4]

樊迟请学稼。子曰："吾不如老农。"请学为圃。曰："吾不如老圃。"樊迟出。子曰："小人哉，樊须也！上好礼，则民莫敢不敬；上好义，则民莫敢不服；上好信，则民莫敢不用情。夫如是，则四方之民襁负其子而至矣，焉用稼？"

[白话]

樊迟请求学习农耕之事，孔子说："我比不上有经验的农夫。"他又请求学习种蔬菜，孔子说："我比不上有经验的菜农。"樊迟离去之后，孔子说："樊须真是个没志气的人！在上位的人爱好礼制，百姓就没有敢不尊敬的；在上位的人爱好道义，百姓就没有敢不服从的；在上位的人爱好诚信，百姓就没有敢不实在的。能做到这样，四方的百姓就背着小孩投奔过来了，又怎么用得着亲耕呢？"

[解读]

① 小人：指一般人，没有特别志向者。古代以稼圃为小人之事，并无明确的贬义，只是分工不同而已。孔子这里所说的"小人"专指少数知识分子，因为他们不应该没有志气与远见。本章所

论与今日以农学为专业者无关。
② "四方之民"的回应，针对的是"上好礼、上好义、上好信"，亦即他们表现了"人性向善"。参照［12.5］。

［13.5］

子曰："诵《诗》三百，授之以政，不达；使于四方，不能专对；虽多，亦奚以为？"

［白话］

孔子说："熟读《诗》三百篇，给他政治任务，不能顺利完成；派他出使外国，不能独当一面；这样读书再多，又有什么用处呢？"

［解读］

① 《诗》：读《诗》是古代从政前的基本修养，必须活学活用，才能符合孔子的期许。
② 专对：古代奉命出使外国，必须在言辞上独当一面，所谓"受命不受辞"，否则无法完成任务。参考［16.13］、［17.9］。

［13.6］

子曰："其身正，不令而行；其身不正，虽令不从。"

［白话］

孔子说："政治领袖本身行为端正，就是不下命令，百姓也会走上正途；如果他自己行为不端正，即使下令要求，百姓也不会照着做。"

[解读]

① 正：身之正或不正，与令之行或不行，本来是两回事，现在孔子将二者相提并论，可见所令者是要求百姓走上人生正途。"不令而行"肯定了人性向善，同时又不忽略上行下效的作用。"虽令不从"则是由于教育尚未普及，百姓的自觉能力尚弱，看到在上位者不端正，就无法明白行善是人生正途。参照［12.17］、［13.13］。

［13.7］

子曰："鲁卫之政，兄弟也。"

[白话]

孔子说："鲁国与卫国就政治上来说，其实是兄弟啊！"

[解读]

① 鲁：鲁为周公之后，卫为康叔之后，周公与康叔二人原是兄弟，并且感情最睦。这里就"政"而言，表示遗风犹存，处境却同样不太理想，既使人缅怀，又令人感叹。
② 《左传·定公四年》谓二国受封之后，"皆启以商政，疆以周索。"二国之政皆循商之旧政而改以周法教化。

［13.8］

子谓卫公子荆："善居室。始有，曰：'苟合矣。'少有，曰：'苟完矣。'富有，曰：'苟美矣。'"

[白话]

　　孔子谈到卫国的公子荆，说："他很懂得居家的道理。开始有房子住，就说：'真的是够用了。'房子稍有装潢，就说：'真的是完备了。'房子一应俱全，就说：'真的是完美了。'"

[解读]

① 卫公子荆：这里特别标明"卫"，是因为鲁哀公也有一子，名荆。
② 苟：假设语气，为"真的是……""假如……"之意。所谓合、完、美，都是知足常乐的想法。

[13.9]

　　子适卫，冉有仆。子曰："庶矣哉！"冉有曰："既庶矣，又何加焉？"曰："富之。"曰："既富矣，又何加焉？"曰："教之。"

[白话]

　　孔子前往卫国，冉有为他驾车。孔子说："这里人口众多啊！"冉有说："人口众多之后，接着应该做什么？"孔子说："使他们富裕。"冉有说："如果已经富裕了，还应该做什么？"孔子说："教育他们。"

[解读]

① 从庶到富，再到教，是事情进展的顺序，而不是重要性的顺序。所以，没做到"教"这一步，就不能算是理想的政策。事实上，"教"在任何阶段都是不可或缺的，只是有简单与完备之

分而已。

② 教：到了教，就不能再追问下一步了，因为：第一，教育工作永远做不完，譬如终身教育；第二，受了教育之后，人须自行努力进修与实践，政府或老师无法代劳。参考 [12.7]。

[13.10]

子曰："苟有用我者，期（jī）月而已可也，三年有成。"

[白话]

孔子说："真的有人任用我的话，只要一年就可以略具规模，三年就会成效显著。"

[解读]

① 期月：再回到同一个月，亦即一年。

[13.11]

子曰："'善人为邦百年，亦可以胜残去杀矣。'诚哉是言也！"

[白话]

孔子说："'行善之人治理国政，连续一百年下来，就可以做到化解残暴、去除杀戮了。'这句话说得对啊！"

[解读]

① 善人：行善之人，指有心行善与努力行善的人。参考 [7.26]、

[11.20]、[13.29]。他们的特点是可以做到人人所知的善,所以有善人之名,而未必了解为何要行善。譬如,一个人行善,是因为他认为行善对大家都好,会受到大家欢迎,而未必了解行善是人性所要求的唯一正途,亦即行善的动机是自觉应该如此,而不是为了任何有形的成效。因此,善人连续一百年的努力,才能有可观的结果。为邦即是教化,教化如果由外树立典范,收效较慢;如果由内导正观念,使人人自觉应该为善,才可能像孔子所说的"三年有成"[13.10]。

[13.12]

子曰:"如有王者,必世而后仁。"

[白话]

孔子说:"如果出现理想的君主,也一定需要三十年才能使百姓走上人生正途。"

[解读]

① 所谓"以德服人者,王;以力服人者,霸",王者是指理想的君主。
② 仁:教化大行之后,百姓走上人生正途。三十年为一世,孔子的意思是政治不可能立竿见影。

[13.13]

子曰:"苟正其身矣,于从政乎何有?不能正其身,如正人何?"

[白话]

孔子说:"真能端正自身的行为,从政做官有什么困难?不能端正自身的行为,又怎样使别人端正呢?"

[解读]

① 正:端正,须以动态观点来看,要一生努力端正,持之以恒。至于正人,则是人际互动的自然成效,而未必专务于正人。参照[12.17]、[13.6]。

[13.14]

冉子退朝。子曰:"何晏也?"对曰:"有政。"子曰:"其事也。如有政,虽不吾以,吾其与闻之。"

[白话]

冉有下班回来。孔子说:"今天怎么这么晚呢?"冉有回答:"有政务。"孔子说:"那只是事务吧。如果是政务,虽然现在朝廷用不着我,我也会知道情况的。"

[解读]

① 退朝:冉有从季氏家的朝廷回来。古代大夫也有朝,清晨与其家臣共议事务,然后大夫再赴诸侯之朝。魏朝何晏(194—249)作《论语集解》,其名得自此章。
② 有政:政务是指攸关国家大计的工作或计划,事务则是执行上级所交付的任务。当时季氏执政,在家朝与家臣所谈的未必不是政务,而孔子的"正名"含有批判之意。

[13.15]

　　定公问:"一言而可以兴邦,有诸?"孔子对曰:"言不可以若是,其几也,人之言曰:'为君难,为臣不易。'如知为君之难也,不几乎一言而兴邦乎?"曰:"一言而丧邦,有诸?"孔子对曰:"言不可以若是,其几也,人之言曰:'予无乐乎为君,唯其言而莫予违也。'如其善而莫之违也,不亦善乎?如不善而莫之违也,不几乎一言而丧邦乎?"

[白话]

　　定公询问:"一句话就可以使国家兴盛,有这样的事吗?"孔子回答:"话不可以说得这样武断,以近似的程度看,有一句话是:'做君主很难,做臣属也不容易。'如果知道做君主很难,不是近于一句话就可以使国家兴盛吗?"定公又问:"一句话就可以使国家衰亡,有这样的事吗?"孔子回答:"话不可以说得这样武断,以近似的程度看,有一句话是:'我做君主没有什么快乐,除了我的话没有人违背之外。'如果说的话是对的而没有人违背,不也很好吗?如果说的话是不对的而没有人违背,不是近于一句话就可以使国家衰亡吗?"

[解读]

① 几:近似、接近、近于之意。国家兴亡的原因十分复杂,即使专就君主的责任而言,也只能说"近似"而已。孔子的话有如暮鼓晨钟,对古今中外的政治人物皆有警示作用。
② "为君难,为臣不易"一语,可以总结《尚书》之精神。

[13.16]

　　叶(shè)公问政。子曰:"近者说(yuè),远者来。"

［白话］

　　叶公请教政治的做法。孔子说："使境内的人高兴，使境外的人来归。"

［解读］

① 叶公：楚国大夫，当时楚国不断扩张势力而内乱已萌，所以孔子对症下药。若远人不来，则"修文德以来之"［16.1］。

［13.17］

　　子夏为莒父宰，问政。子曰："无欲速，无见小利。欲速则不达，见小利则大事不成。"

［白话］

　　子夏担任莒父的县长，请教政治的做法。孔子说："不要想很快就有收效，也不要只看小的利益。想要很快收效，反而达不到目的；只看小的利益，反而办不成大事。"

［解读］

① 莒父：位于鲁国西部。孔子的指教是稳扎稳打，要有远见宏图。
② 参照"小不忍则乱大谋"［15.27］。

［13.18］

　　叶公语孔子曰："吾党有直躬者，其父攘羊，而子证之。"孔子曰："吾党之直者异于是：父为子隐，子为父隐。直在其中矣。"

[白话]

叶公告诉孔子:"我们乡里有个正直的人名叫躬,他父亲偷了羊,他亲自去检举。"孔子说:"我们乡里正直的人做法与此不同:父亲替儿子隐瞒,儿子替父亲隐瞒。这里面自然就有正直了。"

[解读]

① 直躬:直人名躬,后来就以直躬之名流传开来。
② 隐:依于人的亲情,不忍检举,但不表示他们不能或不该互相规劝。
③ 直:直在其中,表明隐不是直的定义,而"为何隐"才是重点,亦即顺乎天性与人情为直。直有"真诚"与"直爽"之意,亦由此可见。
④ 关于"直",参看[6.19]、[8.2]、[17.8]。

[13.19]

樊迟问仁。子曰:"居处恭,执事敬,与人忠。虽之夷狄,不可弃也。"

[白话]

樊迟请教如何行仁。孔子说:"平时态度庄重,工作认真负责,与人交往真诚。即使到了偏远落后的地区,也不能没有这几种德行。"

[解读]

① 仁:行仁。由孔子的回答来看,这是他提供给樊迟参考的人生正途,可见因材施教的灵活性。参考[6.22]、[12.22]。

[13.20]

子贡问曰:"何如斯可谓之士矣?"子曰:"行己有耻,使于四方,不辱君命,可谓士矣。"曰:"敢问其次?"曰:"宗族称孝焉,乡党称弟焉。"曰:"敢问其次?"曰:"言必信,行必果,硁硁然小人哉!抑亦可以为次矣。"曰:"今之从政者何如?"子曰:"噫!斗筲之人,何足算也?"

[白话]

子贡请教:"要具备怎样的条件,才可以称为士?"孔子说:"本身操守廉洁而知耻,出使外国不负君主所托,就可以称为士了。"子贡说:"想请教次一等的表现。"孔子说:"宗族的人称赞他孝顺父母,乡里的人称赞他尊敬长辈。"子贡说:"想请教再次一等的表现。"孔子说:"说话一定要守信,行动一定有结果,这种一板一眼的小人物,也可以算是再次一等的士了。"子贡再问:"当前的政治人物怎么样?"孔子说:"噫!这些人的气量见识像是厨房里的小用具,算得了什么?"

[解读]

① 士:古代有"士"这个阶级,在大夫之后。本书谈到"使于四方",所以直译为"士",不再泛指读书人。参照 [4.9]、[8.7]、[14.2]、[19.1]。

② 行己:这句话表示德行与才干必须兼备。其次一等的"孝弟"则侧重德行。

③ 小人:小人物,小在两个"必"字,看似一板一眼,其实可能忽略了"义"。因为这也是士的一等,所以不译为小人。可叹的是,当时的从政者连小人物都算不上。参照"小人儒" [6.13]。

[13.21]

子曰:"不得中行而与之,必也狂狷乎!狂者进取,狷者有所不为也。"

[白话]

孔子说:"找不到行为适中的人来交往,就一定要找到志向高远或洁身自好的人。志向高远的人奋发上进,洁身自好的人有所不为。"

[解读]

① 中行:行为适中的人,文质彬彬,进退有节,有所为也有所不为。狂与狷也许与性格有关,中行则非高度修养不可。参照"狂简"[5.21]。

[13.22]

子曰:"南人有言曰:'人而无恒,不可以作巫医。'善夫!'不恒其德,或承之羞。'"子曰:"不占而已矣。"

[白话]

孔子说:"南方人有一句话:'一个人没有恒心的话,连巫医也治不好他的病。'这句话说得好!《易经·恒卦》的爻辞说:'实践德行缺乏恒心,常常会招来羞辱。'"孔子说:"不靠占卜也可以知道了。"

[解读]

① 巫医:古代医生之称。找巫医来治病,无恒的人没有耐心服药,

医师也将无可奈何。孔安国注："言巫医不能治无恒之人。"
② 不占：不但巫医帮不上忙，占卜也使不上力，看来羞辱是难以避免了。
③ 强调"有恒"，参考〔7.26〕。
④ 有关《易经》，亦见〔7.17〕。本章引文为恒卦九三的爻辞。

〔13.23〕

子曰："君子和而不同，小人同而不和。"

〔白话〕

孔子说："君子协调差异，而不强求一致；小人强求一致，而不协调差异。"

〔解读〕

① 和：如调味与调音，差异中有原则，可以互相包容与欣赏。
② 有关君子与小人的对比，参看〔2.14〕解读③。

〔13.24〕

子贡问曰："乡人皆好之，何如？"子曰："未可也。""乡人皆恶之，何如？"子曰："未可也。不如乡人之善者好之，其不善者恶之。"

〔白话〕

子贡请教说："全乡的人都喜欢他，这样的人怎么样？"孔子说："并不可取。"子贡再问："全乡的人都讨厌他，这样的人怎么样？"孔子说："也不可取。比较可取的是全乡的好人都喜欢他，坏人都讨厌他。"

[解读]

① 善者：泛称好人，古代人口较少流动，也许一乡之人可以大略分为善者与不善者。本章的重点是不必想要讨好每一个人，但须坚持行善。
② 子贡的问题代表两个极端，而孔子则秉持中庸之道，又能以善为依归。

[13.25]

子曰："君子易事而难说（yuè）也。说之不以道，不说也；及其使人也，器之。小人难事而易说也。说之虽不以道，说也；及其使人也，求备焉。"

[白话]

孔子说："君子容易服侍而很难讨好。不依正当途径去讨好，他不会高兴；但是等到用人时，他会按照才干去任命。小人很难服侍而容易讨好。不依正当途径去讨好，他也会高兴；但是等到用人时，他会全面要求、百般挑剔。"

[解读]

① 事：服侍。此处的君子与小人是就德行修养而言，因为二者显然皆在上位，犹如今日所谓的老板或长官。当然我们也可以从行事作风去判断君子与小人。参看 [18.10]"无求备于一人"。
② 有关君子与小人的对比，参看 [2.14] 解读③。

[13.26]

　　子曰："君子泰而不骄，小人骄而不泰。"

[白话]

　　孔子说："君子舒泰而不骄傲，小人骄傲而不舒泰。"

[解读]

① 泰：舒泰安详而自在，因为所求在己，不必向人示威。小人无法舒泰，因为一失落就难过，所以总想向人夸耀。

[13.27]

　　子曰："刚、毅、木、讷，近仁。"

[白话]

　　孔子说："刚强、果决、朴实、口拙，这样就接近人生正途了。"

[解读]

① 讷：口拙，说话谨慎而不流利的样子。参考［12.3］。
② 近仁：接近人生正途。孔子的意思是这四者只是简明的原则，还须依各人的性格与环境而作调整及应用。

[13.28]

　　子路问："何如斯可谓之士矣？"子曰："切切偲（sī）偲，怡怡如也，可谓士矣。朋友切切偲偲，兄弟怡怡。"

[白话]

子路请教:"要怎么样才可以称为读书人呢?"孔子说:"互相切磋勉励,彼此和睦共处,就可以称为读书人了。朋友之间,互相切磋勉励;兄弟之间,彼此和睦共处。"

[解读]

① 士:指读书人,在此与从政无关。
② 朋友:对朋友与对兄弟态度不同,这是因为关系不同,情感有别。

[13.29]

子曰:"善人教民七年,亦可以即戎矣。"

[白话]

孔子说:"行善的人教导百姓七年之久,应该也可以让他们拿起武器保家卫国了。"

[解读]

① 善人:善行可以感化百姓,使他们愿意保家卫国。七年,表示相当长的时间。如果与子路自认为三年就可以使百姓"有勇"相比,可知善行之外还须配合行政能力与人生哲理。
② 善人亦难得一见,参考[7.26]、[11.20]、[13.11]。

[13.30]

子曰:"以不教民战,是谓弃之。"

[白话]

孔子说:"让没有受过教育与训练的百姓去作战,就等于是遗弃他们。"

[解读]

① 教:结合上一章来看,可知孔子的教民作战包括忠信礼义与作战技术。若是不教,则必败亡,岂不等于让百姓白白牺牲?

宪问 第十四

[14.1]

宪问耻。子曰:"邦有道,穀;邦无道,穀,耻也。""克、伐、怨、欲不行焉,可以为仁矣?"子曰:"可以为难矣,仁则吾不知也。"

[白话]

原宪请教什么是耻辱。孔子说:"国家上轨道,才可做官领俸禄;国家不上轨道而做官领俸禄,就是耻辱。"原宪又问:"好胜、自夸、怨恨、贪婪,这四种毛病都能免除,可以算是行仁吗?"孔子说:"可以算是困难的事,至于是否算是行仁,我还不能确定。"

[解读]

① 宪:原宪,字子思,参照[6.5]。邦之有道与无道并非黑白分明,而应就其趋向来看。
② 仁:人生正途不能只列出原则,还须依个人性格与处境去择善固执,并且不到完美境界,不能作确定的评估。这是孔子一向主张的动态过程的仁观。参考[8.13]。
③ "克、伐、怨、欲不行焉",可以化解自我中心的困境,但还谈不上是积极行仁的作为。

[14.2]

子曰:"士而怀居,不足以为士矣。"

[白话]

孔子说:"读书人留恋安逸的生活,就没有资格做个读书人了。"

[解读]

① 士:读书人须有志向(士心为志),安逸的生活不是不好,而是不宜留恋。
② 参照[4.9]、[8.7]、[13.20]、[19.1]。

[14.3]

子曰:"邦有道,危言危行;邦无道,危行言孙(xùn)。"

[白话]

孔子说:"国家上轨道,应该说话正直,行为正直;国家不上轨道,应该行为正直,说话委婉。"

[解读]

① 危:正直。正直的言行在社会上自然显得严肃而高峻。本章所指出的差异在于说话,至于行为则须一以贯之。

[14.4]

子曰:"有德者必有言,有言者不必有德。仁者必有勇,勇者不必有仁。"

[白话]

孔子说:"有德行的人一定能说出有价值的话,说出有价值的话的人却不一定有德行。行仁的人一定有勇气,勇敢的人却不一定能行仁。"

[解读]

① 必:必是涵盖之意。有言是从有德的体验而来,勇是从仁的实践要求而来。反之,则不一定了。

[14.5]

南宫适(kuò)问于孔子曰:"羿善射,奡(ào)荡舟,俱不得其死然。禹、稷躬稼而有天下。"夫子不答。南宫适出,子曰:"君子哉若人,尚德哉若人!"

[白话]

南宫适请教孔子说:"羿擅长射箭,奡精于水上作战,最后都未能寿终正寝。禹与稷亲自下田耕种,最后却得到了天下。"孔子听了没有回答。南宫适退出房间之后,孔子说:"这个人,真是个君子;这个人,真崇尚德行!"

[解读]

① 南宫适:南容。他的问题是尚德不尚力的佐证,所以得到孔子的赞许。参看[5.1]、[11.6]。
② 羿:夏代有穷国之君,以善射闻名,后为其徒寒浞(zhuó)所杀。接着,夏代少康中兴,杀寒浞。
③ 奡:夏代寒浞之子,又名浇。荡舟是描写水上作战的状况。

[14.6]

　　子曰:"君子而不仁者有矣夫,未有小人而仁者也。"

[白话]

　　孔子说:"做不到择善固执的君子是有的,但是从来没有小人会择善固执的。"

[解读]

① 仁:人生正途的具体表现是择善固执。君子立志走在人生正途上,却未必可以固执到底。小人无志,根本不考虑择善固执。
② 君子与小人的对比,参看 [2.14] 解读③。

[14.7]

　　子曰:"爱之,能勿劳乎?忠焉,能勿诲乎?"

[白话]

　　孔子说:"爱护一个人,能不让他劳苦吗?真诚对待他,能不对他规劝吗?"

[解读]

① 劳苦之后,才能成长,一味溺爱,反而害了他。能有这种远见与魄力的人并不多见。
② 《论语》未见以"诚"为真诚之用。要说真诚,则以"直"与"忠"二字近之。

[14.8]

子曰:"为命,裨谌(chén)草创之,世叔讨论之,行人子羽修饰之,东里子产润色之。"

[白话]

孔子说:"郑国要发布外交文件时,先由裨谌拟定文稿,再经世叔推敲斟酌,又由外交官子羽修改调整,最后东里的子产再做润色完稿的工作。"

[解读]

① "命"指外交文件。外交文件经过郑国四位大夫依其专长分工合作才告完成,可见其谨慎与求全的态度。国家大事理当如此。此事应在郑简公时。
② 裨谌:又作裨湛,足智多谋,力荐子产为相。
③ 世叔:游吉,继子产执政。
④ 子羽:公孙挥,"行人"为古代外交官员。

[14.9]

或问子产。子曰:"惠人也。"问子西。曰:"彼哉!彼哉!"问管仲。曰:"人也。夺伯氏骈邑三百,饭疏食,没齿无怨言。"

[白话]

有人请教如何评价子产。孔子说:"他是照顾百姓的人。"再请教如何评价子西。孔子说:"他就是那样!他就是那样!"又请教如何评价管仲。孔子说:"他是行仁的人。他分得伯氏有三百户人家的骈邑,让伯氏只能吃粗食,但是却终身没有抱怨他的话。"

[解读]

① 子西：郑国的公孙夏，为子产的同宗兄弟，先子产而执政。
② 彼哉：表示无足称述的意思。
③ 人：与"仁"通用，在此特指以功业造福百姓之人。稍后的篇目（[14.16]、[14.17]）子路与子贡质疑管仲"仁乎"，可能就是来源于此。孔子称许管仲为仁，理由是他造福百姓因而在"善"的实践上取得过人的成就。"善"是"人与人之间适当关系之实现"，所以人在政治上或社会上有恩或有功于民，就是行善，亦即达到了人性向善的根本要求。这一观点在稍后谈到管仲时还会提及。
④ 伯氏：齐国大夫，可能因为本身获罪，加以管仲功大，所以无怨言。孔子并非不知管仲的德行颇有受人争议之处，参考[3.22]。

[14.10]

子曰："贫而无怨难，富而无骄易。"

[白话]

孔子说："贫穷而不抱怨，很难做到；富裕而不骄傲，则比较容易。"

[解读]

① 易：虽说容易，也需要修养，财大气粗之人随处可见。参看[1.15]。

[14.11]

子曰："孟公绰为赵、魏老则优，不可以为滕、薛大夫。"

[白话]

孔子说:"孟公绰担任晋国赵卿与魏卿的家臣,可以游刃有余,但是却没有办法担任滕与薛这些小国的大夫。"

[解读]

① 孟公绰:鲁国大夫,据说为人寡欲安详,参照[14.12]。这句话的意思是要依人之才、性安排职位。
② 赵、魏:晋国有六卿,赵、魏为其中之著者。大国之卿的家臣有时比小国的大夫更容易做。
③ 滕、薛:鲁国附近的小国。

[14.12]

子路问成人。子曰:"若臧武仲之知,公绰之不欲,卞庄子之勇,冉求之艺,文之以礼乐,亦可以为成人矣。"曰:"今之成人者何必然?见利思义,见危授命,久要(yāo)不忘平生之言,亦可以为成人矣。"

[白话]

子路请教怎样才是理想的人。孔子说:"明智像臧武仲,淡泊无欲像孟公绰,勇敢像卞庄子,多才多艺像冉求,再用礼乐来加以文饰,就可以算是理想的人了。"稍后又说:"现在所谓理想的人何必一定要这样呢?看到利益就想该不该得,遇到危险愿意牺牲生命,长期处于穷困也不忘记平生期许自己的话,就可以算是理想的人了。"

[解读]

① 成人:字面意思是成年人,引申为成熟的人、潜能充分实现的

人、完美的人等。这里译为理想的人，是就人"应该"努力具备的条件而言。参照〔19.1〕。
② 臧武仲：鲁国大夫臧孙纥。参照〔14.14〕。
③ 卞庄子：鲁国卞邑大夫，著名勇士。孔子列举鲁国的知名人士，各举其长来组合成"知、不欲、勇、艺"四项条件，再加上礼乐教化，才可称为成人。各有一偏则不够理想，由此可见其难。

〔14.13〕

子问公叔文子于公明贾曰："信乎，夫子不言，不笑，不取乎？"公明贾对曰："以告者过也。夫子时然后言，人不厌其言；乐然后笑，人不厌其笑；义然后取，人不厌其取。"子曰："其然，岂其然乎？"

〔白话〕

孔子向公明贾询问公叔文子的情况，他说："公叔先生平常不说话，不笑，也不拿取财物，这是真的吗？"公明贾回答说："这是传话的人说得太夸张了。公叔先生在适当的时候才说话，别人不讨厌他说话；真正高兴了才笑，别人不讨厌他笑；应该拿取的财物他才拿取，别人不讨厌他拿取。"孔子说："你说得好，但是真有像你说的那么好吗？"

〔解读〕

① 公叔文子：公孙拔，卫国大夫。
② 公明贾：卫国人。
③ 其然：公明贾的回答远比传闻所说的更夸张，所以在肯定他善于回答时，也须持保留态度，这是对人评价的原则之一。

[14.14]

　　子曰:"臧武仲以防求为后于鲁,虽曰不要君,吾不信也。"

[白话]

　　孔子说:"臧武仲据有防城时,请求鲁君为他的家族册立后代。即使他说自己没有要挟鲁君,我不相信。"

[解读]

① 防:原是臧武仲受封之邑。本章所述是他逃到齐国前的事。
② 为后:册立后代。册立后代的目的是祭祀先人,保持家业。臧武仲得罪出奔,所以要挟鲁君为臧氏册立后人。

[14.15]

　　子曰:"晋文公谲(jué)而不正,齐桓公正而不谲。"

[白话]

　　孔子说:"晋文公善用权谋而不循正途,齐桓公依循正途而不用权谋。"

[解读]

① 晋文公:名重耳(公元前636—前628年在位),为春秋五霸(齐桓公、宋襄公、晋文公、秦穆公、楚庄王)之一。他善用权谋,固然是时势所迫,但亦使风气每况愈下。
② 齐桓公:名小白(公元前685—前643年在位),为五霸之首,犹能循法而行。"正"在此指法或公开的规范。齐桓公优于晋文公的评价在当时已经很流行了,孔子认为原因在于齐桓公依循正途。

[14.16]

子路曰:"桓公杀公子纠,召(shào)忽死之,管仲不死。"曰:"未仁乎?"子曰:"桓公九合诸侯,不以兵车,管仲之力也。如其仁,如其仁。"

[白话]

子路说:"齐桓公杀了公子纠,召忽为此而自杀,管仲却仍然活着。"接着又说:"这样不能算是合乎行仁的要求吧!"孔子说:"齐桓公多次主持诸侯会盟,使天下没有战事,都是管仲努力促成的。这就是他行仁的表现!这就是他行仁的表现!"

[解读]

① 公子纠:齐襄公无道被杀,其弟公子纠与小白分别逃往鲁国与莒国。召忽与管仲(约前725—前645)追随公子纠,鲍叔牙追随小白。襄公死后,小白先入齐国,成为齐桓公。这是本章的背景。涉及管仲的章节有[3.22]、[14.9]、[14.17]。

② 关于管仲不死,顾炎武《日知录》说:"君臣之分,所关者在一身。华裔之防,所系者在天下。故夫子之于管仲,略其不死子纠之罪,而取其一匡九合之功,盖权衡于大小之间,而以天下为心也。""裔"为夷狄之总名。道德不离事功,权衡向来不易,此所以孔子言君子之道,必以智勇配合仁。

③ 九合:古代以九表示多数,其实会盟有十一次。

④ 如其仁:这就是他行仁的表现。管仲以外交手段化解了征伐杀戮,以一人之力造福百姓,他的努力使齐国百姓安顿,进而使天下人安顿。他与众人之间的适当关系得以实现,无异于行了大善,所以称许他以此行仁。若不从"善是人与人之间适当关系之实现"去理解,并且以"人性向善"为前提,则无法明白孔子之意。

[14.17]

子贡曰:"管仲非仁者与?桓公杀公子纠,不能死,又相之。"子曰:"管仲相桓公,霸诸侯,一匡天下,民到于今受其赐。微管仲,吾其被(pī)发左衽矣。岂若匹夫匹妇之为谅也,自经于沟渎而莫之知也。"

[白话]

子贡说:"管仲不算行仁的人吧?桓公杀了公子纠,他不但没有以身殉难,还去辅佐桓公。"孔子说:"管仲辅佐桓公,称霸诸侯,一举而使天下得到匡正,百姓到今天还在承受他的恩惠。如果没有管仲,我们可能已经沦为夷狄,披头散发,穿着衣襟开在左边的衣服了。他难道应该像坚守小信的平凡人一样,在山沟中自杀,死了也没有人知道吗?"

[解读]

① 匹夫匹妇:平凡的百姓,平民男女。"谅"是小信。指责管仲的人见小不见大,不知道应该珍惜生命以实现更高的价值。孔子当然不是鼓励苟且偷生,而是主张应该分辨"为了什么而死",是为了国家还是为了自己拥护的政治领袖?国家与百姓显然更为重要。若是未死,则当努力保国卫民,以证明自己的志节。《管子·大匡》这么说:"夷吾之所死者,社稷破、宗庙灭、祭祀绝,则死之。非此三者,则夷吾生。夷吾生则齐国利;夷吾死,则齐国不利。"

② 莫之知:孔子肯定"为人所知",但是应该以行仁而为人所知[4.5],至于如何算是行仁,则看个人存心及后续努力。从古至今,判断别人皆大不易。

[14.18]

公叔文子之臣大夫僎（zhuàn）与文子同升诸公。子闻之曰："可以为'文'矣。"

[白话]

公叔文子的家臣大夫僎，由于文子的推荐升任朝廷大夫，与文子一起为国服务。孔子听到了这件事，说："这就可以谥为'文'了。"

[解读]

① 《逸周书·谥法解》的"文"有六个类别：经纬天地，道德博厚，学勤好问，慈惠爱民，愍民惠礼，锡民爵位。公叔文子所做的是"锡民爵位"。他的心胸值得学习。参照 [5.14]。

[14.19]

子言卫灵公之无道也。康子曰："夫如是，奚而不丧？"孔子曰："仲叔圉治宾客，祝鮀治宗庙，王孙贾治军旅。夫如是，奚其丧？"

[白话]

孔子谈到卫灵公种种偏差的作为。季康子说："既然如此，为什么他还不败亡？"孔子说："他有仲叔圉负责外交，祝鮀掌管祭祀，王孙贾统率军队，能够如此，怎么会败亡？"

[解读]

① 仲叔圉：孔文子，参照 [5.14]；祝鮀，参照 [6.16]；王孙贾，参照 [3.13]。这三人各有专长，而卫灵公用人得宜，所以可保

安定。"无道"与"败亡"之间，还有缓冲余地，因为政治也要靠人才。

[14.20]

子曰："其言之不怍（zuò），则为之也难。"

[白话]

孔子说："轻易开口而不觉惭愧的，做起来一定不容易。"

[解读]

① 怍：惭愧状。本章意在劝人慎言，而不是要人大言不惭。

[14.21]

陈成子弑简公。孔子沐浴而朝，告于哀公曰："陈恒弑其君，请讨之。"公曰："告夫三子！"孔子曰："以吾从大夫之后，不敢不告也。君曰'告夫三子'者！"之三子告，不可。孔子曰："以吾从大夫之后，不敢不告也。"

[白话]

陈成子杀了齐简公。孔子斋戒沐浴之后，上朝向鲁哀公报告："陈恒杀了他的君主，请您出兵讨伐。"哀公说："你去向三卿报告吧！"孔子退了下来，说："因为我曾担任大夫，不敢不来报告啊。君主却对我说：'去向三卿报告吧！'"孔子去向三卿报告，但是他的建议没有得到采纳。孔子说："因为我曾担任大夫，不敢不来报告啊。"

[解读]

① 陈成子：陈恒，齐国大夫。弑君之事发生在鲁哀公十四年，时年孔子七十一岁。陈恒又名田常，其曾孙田和篡齐为诸侯。姜太公之后代至齐康公而止，共传二十四世。
② 齐简公：齐君，名壬。
③ 三子：三卿，就是季孙、叔孙、仲孙。春秋时代，尚为周朝天下，一国有篡逆之事，各国可以出兵声讨。所以，孔子并非多管闲事。

[14.22]

子路问事君。子曰："勿欺也，而犯之。"

[白话]

子路请教如何服侍君主。孔子说："不要欺骗他，还要直言进谏。"

[解读]

① 先说"勿"，是指消极的不要怎么做；接着再说的，就是积极的要怎么做了。这种先退后进的说法兼顾两面，表现了高度的思辨水准。

[14.23]

子曰："君子上达，小人下达。"

[白话]

孔子说:"君子不断上进,实践道义;小人放纵欲望,追求利益。"

[解读]

① 上下之分界,表明人生应有目标与理想。不上则下,不进则退。君子与小人的根本区别在于君子求义而小人逐利,所以译文加上这项内容。

[14.24]

子曰:"古之学者为己,今之学者为人。"

[白话]

孔子说:"古代的学者认真修养自己,现在的学者一心想要炫耀。"

[解读]

① 古:孔子时代的古今,在今天都算古代了。当时的学者已经有"为人"的缺点,更何况现代?"为己"与"为人",若能分清本末,未必不可兼顾。参考"君子求诸己,小人求诸人。"[15.21]

[14.25]

蘧(qú)伯玉使人于孔子。孔子与之坐而问焉,曰:"夫子何为?"对曰:"夫子欲寡其过而未能也。"使者出。子曰:"使乎!使乎!"

[白话]

　　蘧伯玉派人向孔子问候。孔子请他坐下谈话,说:"蘧先生近来做些什么?"他回答说:"蘧先生想要减少过错却还没有办法做到。"这位使者离开后,孔子说:"好一位使者!好一位使者!"

[解读]

① 蘧伯玉:名瑗,卫国大夫,为孔子好友,孔子居卫时,曾住过他家。他的态度是"不求有功,但求无过"。处于世衰道微的情况下,守身而已。参看[15.7]。

[14.26]

　　子曰:"不在其位,不谋其政。"曾子曰:"君子思不出其位。"

[白话]

　　孔子说:"不担任某一职位,就不去设想那个职位的业务。"曾子说:"君子的思虑以他自己的职位为范围。"

[解读]

① 位:职务与责任。推而至于人生的各种状况,皆应专心以对。
② 本章前半段已见于[8.14]。曾子之语可对照《易经》艮卦象传之"兼山,艮。君子以思不出其位"。

[14.27]

　　子曰:"君子耻其言而过其行。"

[白话]

孔子说:"君子认为自己如果说得多而做得少,是一件可耻的事。"

[解读]

① 谨言慎行,即可免于这种耻辱。

[14.28]

子曰:"君子道者三,我无能焉:仁者不忧,知者不惑,勇者不惧。"子贡曰:"夫子自道也。"

[白话]

孔子说:"君子所向往的三种境界,我还没有办法达到:行仁的人不忧虑,明智的人不迷惑,勇敢的人不惧怕。"子贡说:"这是老师对自己的描述啊。"

[解读]

① 道:路也,引申为遵行一定途径所达成的结果,可译为风格或境界。参看[9.29]。
② 关于君子之道的不同说法,参看[5.15]。

[14.29]

子贡方人。子曰:"赐也贤乎哉?夫我则不暇。"

[白话]

子贡评论别人的优劣。孔子说:"赐已经很杰出了吗?要是我，就没有这么空闲。"

[解读]

① 贤：杰出。孔子对子贡鼓励多于责怪，并且以身作则。子贡对老师也有所评论，参看[15.3]。

[14.30]

子曰："不患人之不己知，患其不能也。"

[白话]

孔子说："不担心别人不了解自己，只担心自己没有能力。"

[解读]

① 患：担心。注意力放在自己身上，早做准备，以免有机会时，自己能力不足。
② 对照[1.1]、[1.16]、[4.14]、[15.19]。

[14.31]

子曰："不逆诈，不亿不信，抑亦先觉者，是贤乎！"

[白话]

孔子说："不先怀疑别人将会欺骗，也不猜测别人将会失信，但是又能及早发觉这些状况，这样的人真是杰出啊！"

[解读]

① 觉：心中如有明镜，可以照见别人的意图，但是又不妄加猜测，总是给人机会及时改正。知人之明的巧妙，于此可见。

[14.32]

微生亩谓孔子曰："丘何为是栖栖者与？无乃为佞乎？"孔子曰："非敢为佞也，疾固也。"

[白话]

微生亩对孔子说："你这样修饰威仪是为了什么？该不是为了讨好别人吧？"孔子说："我不敢想要讨好别人，只是厌恶固陋而已。"

[解读]

① 微生亩：姓微生，名亩。他直呼孔子的名字，可能年龄较长。姓微生者，另有一人，参看 [5.23]。
② 栖栖：或曰济济，修饰威仪，推广礼乐教化的意思。也有人解为"奔走忙碌"，但是这与"佞"及"疾固"的联系不够紧密。若解为"教化"，则可以与"固陋"相对应。

[14.33]

子曰："骥不称其力，称其德也。"

[白话]

孔子说："千里马称为骥，不是赞美它的力气，而是赞美它的风格。"

[解读]

① 德:在人为德行、操守或作风。在马则是天生的优雅姿态或风格,譬如,善用力气,奔驰千里,即是马的风格。

[14.34]

或曰:"以德报怨,何如?"子曰:"何以报德?以直报怨,以德报德。"

[白话]

有人说:"以恩惠来回应怨恨,这样如何?"孔子说:"那么要以什么来回应恩惠呢?应该以正直来回应怨恨,以恩惠来回应恩惠。"

[解读]

① 以德报怨:亦见于《老子》第六十三章:"大小多少,报怨以德。"意思是:别人对我不好,我也要对他好。孔子当然反对"以怨报怨",而是主张"以直报怨"。这是孔子与老子人生哲学上的区别之一。
② 直为正直,但须以内心真诚为基础。《论语》中的"直"字皆有"真诚而正直"之意。

[14.35]

子曰:"莫我知也夫!"子贡曰:"何为其莫知子也?"子曰:"不怨天,不尤人,下学而上达,知我者其天乎!"

[白话]

孔子说:"没有人了解我啊!"子贡说:"为什么没有人了解老师呢?"孔子说:"不怨恨天,不责怪人,广泛学习世间的知识,进而领悟深奥的道理,了解我的,大概只有天吧!"

[解读]

① 天:人的命运与使命皆可以推源于天,所以对天才有"怨与不怨"的可能性。孔子心目中的天,无疑是可以"了解"他的。参考[11.9]解读②。
② 下学:下学使人接近不惑,上达助人得知天命。
③ 孔子感叹没有人了解他,参照[14.39]。

[14.36]

公伯寮愬(sù)子路于季孙。子服景伯以告,曰:"夫子固有惑志于公伯寮,吾力犹能肆诸市朝。"子曰:"道之将行也与,命也;道之将废也与,命也。公伯寮其如命何!"

[白话]

公伯寮在季孙面前毁谤子路。子服景伯告诉孔子这件事,说:"季孙已经被公伯寮所迷惑了,不过现在我还有能力对付他,让他的尸首在街头示众。"孔子说:"政治理想果真实现的话,那是命运决定的;政治理想最后幻灭的话,那也是命运决定的。公伯寮怎么能左右命运呢?"

[解读]

① 公伯寮:姓公伯,名寮,鲁国人。

② 子服景伯：子服何，鲁国大夫，为孟孙家族的人，所以自认为有些势力。
③ 道：国家应行之路，引申为政治理想。
④ 命：命运，由各种条件所组成的形势，这种形势常常使人无可奈何。参看［6.10］、［12.5］。

［14.37］

子曰："贤者辟（bì）世，其次辟地，其次辟色，其次辟言。"子曰："作者七人矣。"

［白话］

孔子说："杰出的人才避开污浊的天下，也有的避开混乱的社会，再有的避开丑陋的嘴脸，还有的避开无礼的言语。"孔子又说："这样做的人已经有七位了。"

［解读］

① 天下污浊，要想避开就隐居起来。社会混乱，则不妨迁居他处。依此推知"辟色"与"辟言"。这四种做法，由时代、环境以及个人的容忍程度决定。
② 七人为伯夷、叔齐、虞仲、夷逸、朱张、柳下惠、少连。参照［18.8］。

［14.38］

子路宿于石门。晨门曰："奚自？"子路曰："自孔氏。"曰："是知其不可而为之者与？"

[白话]

　　子路在石门过了一夜。第二天清早入城,守门者问:"从哪里来的?"子路说:"从孔家来的。"守门者说:"就是那位知道行不通还一定要去做的人吗?"

[解读]

① 石门:鲁城的外门,晨门是守门者。他对孔子的评语,充分显示出孔子的志节。
② 孔氏:孔子是鲁城中人,当时可能任司寇之职,识者已多,不必详说其名。

[14.39]

　　子击磬于卫,有荷蒉(kuì)而过孔氏之门者,曰:"有心哉,击磬乎!"既而曰:"鄙哉,硁硁乎!莫己知也,斯己而已矣。'深则厉,浅则揭(qì)。'"子曰:"果哉!末之难矣。"

[白话]

　　孔子留居卫国时,某日正在击磬,有一个挑着草筐的人从门前经过,说:"磬声里面含有深意啊!"停了一下,又说:"声音硁硁的,太执著了!没有人了解自己,就坚持自己的信念罢了。所谓'水深的话,穿着衣裳走过去;水浅的话,撩起衣裳走过去。'"孔子说:"有这种坚决弃世之心,就没有什么困难了。"

[解读]

① 荷蒉者:一听磬声就知道是有心人在弹奏,可见智慧不低,只可惜他与孔子"道不同,不相为谋"[15.40]。另外,孔子确

实认为没有人了解他［14.35］。
② 深则厉：这两句见于《诗经·邶风·匏有苦叶》。

[14.40]

子张曰："《书》云：'高宗谅（liàng）阴（ān），三年不言。'何谓也？"子曰："何必高宗，古之人皆然。君薨（hōng），百官总己以听于冢宰三年。"

[白话]

子张说："《书经》上说：'殷高宗守孝时，住在守丧的屋子，三年不说话。'这是什么意思呢？"孔子说："不只是殷高宗，古人都这样。国君死了，新君三年不问政治，所有的官员各司其职，听命于宰相。"

[解读]

① 高宗：殷高宗，武丁。引文出自《尚书·无逸》。
② 谅阴：王船山《读通鉴论》："谅闇者，梁庵也，有梁无柱，茅苫垂地之庐也。"守丧时所住的屋子，又称凶庐。

[14.41]

子曰："上好礼，则民易使也。"

[白话]

孔子说："政治领袖爱好礼制，百姓就容易接受指挥。"

[解读]

① 礼：礼仪与规范，足以保障社会的秩序。社会稳定，百姓也乐于听命。

[14.42]

子路问君子。子曰："修己以敬。"曰："如斯而已乎？"曰："修己以安人。"曰："如斯而已乎？"曰："修己以安百姓。修己以安百姓，尧舜其犹病诸！"

[白话]

子路请教怎样才是君子。孔子说："修养自己，从而能认真谨慎地面对一切。"子路再问："这样就够了吗？"孔子说："修养自己，从而能安顿四周的人。"子路又问："这样就够了吗？"孔子说："修养自己，从而能安顿所有的百姓。修养自己，从而能安顿所有的百姓，尧舜也会觉得这是很难做到的事啊！"

[解读]

① 君子：理想人格的代称。君子的最高标准是"修己以安百姓"，可见个人与群体的关系是孔子思想的重点。
② "尧舜其犹病诸"一语亦见于 [6.30]。

[14.43]

原壤夷俟。子曰："幼而不孙弟，长而无述焉，老而不死，是为贼。"以杖叩其胫。

[白话]

原壤伸开两腿坐在地上,等候孔子来。孔子说:"你年少时不谦逊也不友爱,长大了没有什么值得传述的贡献,现在这么老了还不死,真是伤害了做人的道理。"说完,用拐杖敲他的小腿。

[解读]

① 原壤:孔子的旧友,性格与作风都与孔子大不相同。夷俟:箕踞等待。
② 贼:伤害,指其作为将伤害做人的道理,因为他立下了错误的示范。

[14.44]

阙党童子将命。或问之曰:"益者与?"子曰:"吾见其居于位也,见其与先生并行也。非求益者也,欲速成者也。"

[白话]

阙党的一个少年来传达信息。有人谈到他,就问:"他是肯求上进的人吗?"孔子说:"我看他坐在大人的位子上,又见他与长辈并肩而行。这不是一个想求上进的人,而是一个想走捷径的人。"

[解读]

① 阙党:孔子在鲁国所居之地,即今之曲阜阙里。童子是未满十五岁的人,应该虚心受教,努力上进。

卫灵公　第十五

[15.1]

　　卫灵公问陈（zhèn）于孔子。孔子对曰："俎（zǔ）豆之事，则尝闻之矣；军旅之事，未之学也。"明日遂行。

[白话]

　　卫灵公向孔子询问有关作战布阵的方法。孔子回答说："礼仪方面的事，我是曾经听说过的；军队方面的事，却不曾学习过。"第二天他就离开了卫国。

[解读]

① 陈：通"阵"，为布阵之意。
② 俎豆：古代祭祀时，用以盛食物的两种器皿，此处用以代表"礼仪"。
③ 此事发生在鲁哀公元年，时年孔子五十八岁。

[15.2]

　　在陈绝粮，从者病，莫能兴。子路愠见曰："君子亦有穷乎？"子曰："君子固穷，小人穷斯滥矣。"

[白话]

孔子在陈国没有粮食充饥,跟随他的人病倒了,没有办法起床。子路带着怒气来见孔子,说:"君子也有走投无路的时候吗?"孔子说:"君子走投无路时,仍然坚持原则;换了是小人,就胡作非为了。"

[解读]

① 孔子周游列国时,曾在陈国居住三年,后来准备迁往蔡国时,被困在陈蔡之间,就是所谓的"陈蔡之厄"。此事发生在鲁哀公六年,时年孔子六十三岁。

② 小人:孔子并不是教训子路,而是说明一般的道理。

[15.3]

子曰:"赐也,女以予为多学而识之者与?"对曰:"然,非与?"曰:"非也,予一以贯之。"

[白话]

孔子说:"赐,你以为我是广泛学习并且记住各种知识的人吗?"子贡回答说:"是啊,难道不是这样吗?"孔子说:"不是的,我用一个中心思想来贯穿所有的知识。"

[解读]

① 多学而识之:这是子贡对孔子的观察,而孔子认为自己不仅如此而已,还须加上"一以贯之"的原则。

② "一以贯之"是针对"多学而识之"说的,表示孔子有一个中心思想。这个中心思想是"仁",亦即他的一切知识都围绕着

人之性、人之道、人之成而展开。参考［4.15］解读部分。

[15.4]

子曰："由，知德者鲜矣。"

[白话]

孔子说："由，了解德行修养的意义的人很少啊！"

[解读]

① 德：德行修养的意义。人生不能离开德行修养，所以孔子会说"据于德"［7.6］，并且以"德之不修"［7.3］为自己最关心的事。由此亦可知，在肯定人性向善之后，还须一生努力修德。

[15.5]

子曰："无为而治者其舜也与！夫何为哉？恭己正南面而已矣。"

[白话]

孔子说："无所事事而治好天下的人，大概就是舜吧！他做了什么呢？只是以端庄恭敬的态度坐在王位上罢了。"

[解读]

① 无为而治：这也是道家老子的思想，但是差别在于：孔子强调"恭己正南面"，亦即端坐在面向南方的王位上，有修德与尽职的责任，知人善任，分层负责，而不是真正无所事事。参考［2.1］、［8.18］。

② "恭己"为"使己恭"之简写，讨论可参考［12.1］解读②。

［15.6］

子张问行。子曰："言忠信，行笃敬，虽蛮貊（mò）之邦，行矣。言不忠信，行不笃敬，虽州里，行乎哉？立则见其参于前也，在舆则见其倚于衡也，夫然后行。"子张书诸绅。

［白话］

子张请教怎样可以行得通。孔子说："说话真诚而守信，做事踏实而认真，即使到了南蛮北狄这些外邦，也可以行得通。说话不诚而无信，做事虚浮而草率，即使在自己本乡本土，难道可以行得通吗？站着的时候，要好像看到这几个字排列在眼前；坐在车中，要好像看到这几个字展示在横木上。这样才能够行得通。"子张把这句话写在衣带上。

［解读］

① 蛮貊之邦：古代以华夏文明为中国，把四周的东夷、西戎、南蛮、北狄当做文化落后的地区。我们现在不以先进与落后来判断不同的文化，但是依然可以肯定这句话是放诸四海而皆准的。
② 州里：州是两千五百家，里是二十五家，州里连用泛指本乡本土。

［15.7］

子曰："直哉史鱼！邦有道，如矢；邦无道，如矢。君子哉蘧伯玉！邦有道，则仕；邦无道，则可卷而怀之。"

[白话]

孔子说:"真是正直啊,史鱼这个人!政治上轨道时,言行像箭一样直;政治不上轨道时,言行也像箭一样直。真是君子啊,蘧伯玉这个人!政治上轨道时,出来做官;政治不上轨道时,可以安然地隐藏自己。"

[解读]

① 史鱼:卫国大夫史,字子鱼。他至死都不忘劝谏卫灵公,希望他重用蘧伯玉而远离弥子瑕。
② 蘧伯玉:见[14.25]。

[15.8]

子曰:"可与言而不与之言,失人;不可与言而与之言,失言。知(zhì)者不失人,亦不失言。"

[白话]

孔子说:"可以同他谈话却不去同他谈话,这样就错过了人才;不可以同他谈话却去同他谈话,这样就浪费了言辞。明智的人既不错过人才,也不浪费言辞。"

[解读]

① 知者:言为心声,所以要由知言进而知人,所谓"不知言,无以知人也"[20.3]。能知言,才能结交益友,互相启迪;才能分辨损友,洁身自爱。语言是人们沟通思想与情意的主要媒介,知者怎能不用心于此?孔子的学生中,有"言语"一科,值得我们留意。

[15.9]

子曰:"志士仁人,无求生以害仁,有杀身以成仁。"

[白话]

孔子说:"有志者与行仁者,不会为了活命而背弃人生理想,却肯牺牲生命来成全人生理想。"

[解读]

① 志士仁人:类似的用语都有"正在朝某一目标努力"之意,表明人生是动态的。
② 仁:人生理想,亦即"人之成"。因此,表面看来是"杀身"而其实却是"成仁",表明仁是人的至高目标。孟子后来说"舍生而取义",也是同样的意思,都是肯定人生应以实践道义为首要目标。参照 [4.8]、[8.13]、[15.35]。

[15.10]

子贡问为仁。子曰:"工欲善其事,必先利其器。居是邦也,事其大夫之贤者,友其士之仁者。"

[白话]

子贡请教怎样走上人生正途。孔子说:"工人想要做好他的工作,一定要先磨利他的器具。你住在一个国家,要侍奉大夫之中贤良卓越的,并且要结交士人之中努力行仁的。"

[解读]

① 为仁:这是就方法而言,意思是怎样走上人生正途。

② 仁者：贤者已有明确的卓越表现，仁者则是朝着仁的目标努力。两者应该都有大家公认的具体事迹，否则我们如何判断？

[15.11]

颜渊问为邦。子曰："行夏之时，乘殷之辂（lù），服周之冕，乐则《韶》《舞》。放郑声，远佞人。郑声淫，佞人殆。"

[白话]

颜渊请教治理国家的办法。孔子说："依循夏朝的历法，乘坐殷朝的车子，戴着周朝的礼帽，音乐就采用《韶》与《武》。排除郑国的乐曲，远离阿谀的小人。郑国的乐曲是靡靡之音，阿谀的小人会带来危险。"

[解读]

① 夏：夏朝历法以农历正月为一月，合乎四季的自然规律。
② 殷：殷朝的车子既实用又简朴，是合宜的交通工具。
③ 《韶》是舜时的音乐；"舞"同"武"，是周武王时的音乐。参考 [3.25]。
④ 郑声：指郑国的乐曲，与《诗经》中的郑诗无关。

[15.12]

子曰："人无远虑，必有近忧。"

[白话]

孔子说："一个人不作长远的考虑，一定很快就有烦恼。"

[解读]

① "远"与"近"是就时间而言，但是未必指同一件事。譬如，政治领袖没有长远的规划，社会问题就会层出不穷，使他烦恼不已。

[15.13]

子曰："已矣乎！吾未见好德如好色者也。"

[白话]

孔子说："算了吧！我不曾见过爱好德行像爱好美色的人。"

[解读]

① 本章已见于[9.18]。

[15.14]

子曰："臧文仲其窃位者与！知柳下惠之贤而不与立也。"

[白话]

孔子说："臧文仲是个做官不负责的人吧！他明知柳下惠有卓越的才德却不给他适当的官位。"

[解读]

① 臧文仲：鲁国大夫臧孙辰，历仕鲁国庄公、闵公、僖公、文公四朝。参照[5.17]。
② 柳下惠：鲁国贤者展获，字禽，又名展季。"柳下"是他的食

邑，"惠"是死后妻子给他的谥号。参照［18.2］。

[15.15]
　　子曰："躬自厚而薄责于人，则远怨矣。"

[白话]
　　孔子说："责备自己多而责备别人少，就可以远离怨恨了。"

[解读]
① "躬自"指自己，"厚"是"厚责"的省略。参看［4.12］。

[15.16]
　　子曰："不曰'如之何，如之何'者，吾末如之何也已矣。"

[白话]
　　孔子说："不说'怎么办，怎么办'来提醒自己的人，我对他也不知道怎么办才好。"

[解读]
① 如之何：谨慎思考，以求言行合宜。参照［9.24］。

[15.17]
　　子曰："群居终日，言不及义，好行小慧，难矣哉！"

[白话]

孔子说:"一群人整天相处在一起,说的是无关道义的话,又喜欢卖弄小聪明,实在很难走上人生正途!"

[解读]

① 义:道义,就是人生"应该如何",如原则与理想。
② 难:表面看来,这样的生活很容易,而其实却难以走上正道。参照[17.22]。

[15.18]

子曰:"君子义以为质,礼以行之,孙以出之,信以成之。君子哉!"

[白话]

孔子说:"君子以道义为内心坚持的原则,然后用合乎礼仪的方式去实践,以谦逊的言辞说出来,再以诚信的态度去完成。这样做,真是个君子啊!"

[解读]

① "义"是君子所坚持的原则。至于义的具体内容,则须依个别情况而定,所以接着谈到"礼""孙""信"。参照[17.23]。

[15.19]

子曰:"君子病无能焉,不病人之不己知也。"

[白话]

孔子说:"君子责怪自己没有能力,不责怪别人不了解自己。"

[解读]

① 本章可参考[1.1]、[1.16]、[4.14]、[14.30]。

[15.20]

子曰:"君子疾没世而名不称焉。"

[白话]

孔子说:"君子引以为憾的是:临死时,没有好名声让人称述。"

[解读]

① 名:孔子说过"君子去仁,恶乎成名"[4.5],可见君子须以仁成名。名随实而来,所以要在有生之年努力行仁。

[15.21]

子曰:"君子求诸己,小人求诸人。"

[白话]

孔子说:"君子要求的是自己,小人要求的是别人。"

[解读]

① 求:有要求、期待、责成之意。一念之间,已可分出高下。对照[14.24]。

② 君子与小人的对比，见［2.14］解读③。

［15.22］

子曰："君子矜而不争，群而不党。"

［白话］

孔子说："君子自重而不与人争斗，合群而不拉帮结派。"

［解读］

① 党：因为私谊而罔顾公义。自古至今，能做到群而不党的，实在很少。

［15.23］

子曰："君子不以言举人，不以人废言。"

［白话］

孔子说："君子不因为一个人话说得好就提拔他，也不因为一个人操守不好就漠视他的话。"

［解读］

① 孔子认为"有言者不必有德"［14.4］，能说善道的人未必有真正的德行与本事。至于素行不佳者，也未必不能说出有价值的话。

[15.24]

　　子贡问曰:"有一言而可以终身行之者乎?"子曰:"其恕乎!己所不欲,勿施于人。"

[白话]

　　子贡请教:"有没有一个字可以让人终身奉行的呢?"孔子说:"应该是'恕'吧!自己所不想要的一切,就不去加在别人身上。"

[解读]

① 一言:一字,有如以一字为座右铭。
② 恕:如心为恕,设身处地为别人着想,正是使人际关系和谐的上策。"己所不欲,勿施于人"是举世皆知的金科玉律。参照〔5.11〕、〔12.2〕。

[15.25]

　　子曰:"吾之于人也,谁毁谁誉?如有所誉者,其有所试矣。斯民也,三代之所以直道而行也。"

[白话]

　　孔子说:"我对于别人,曾经贬抑了谁又称赞了谁?如果是我称赞的,一定经过了某些检验。同样都是百姓,夏、商、周三代的人就是以这种方法坦然走在正路上啊。"

[解读]

① 直:经过检验之后,才表示评价,这就是直。直有"真诚"与"直率"之意,是人性自然的要求,所以孔子说:"人之生也

直。"［6.19］

[15.26]

子曰："吾犹及史之阙文也。有马者借人乘之，今亡（wú）矣夫！"

[白话]

孔子说："我还能看到史书里存疑的地方。就像有马的人自己不骑借给别人骑一样。现在看不到这种情形了！"

[解读]

① 有马者：这是一个比喻，表示撰写史书的人宁可存疑也不妄加猜测，要等待贤者来提供证据。

[15.27]

子曰："巧言乱德。小不忍则乱大谋。"

[白话]

孔子说："动听的言语足以混淆道德判断。小事情不能忍耐，就会搅乱大的计划。"

[解读]

① 德：德行修养。在此与"言"连用，所以指道德判断。譬如，有人可以靠口舌颠倒是非黑白。

[15.28]

子曰:"众恶之,必察焉;众好之,必察焉。"

[白话]

孔子说:"大家讨厌的人,我们一定要仔细考察才作判断;大家喜欢的人,我们也一定要仔细考察才作判断。"

[解读]

① 众:一个团体中的多数人。他们往往只从表面判断一个人,所以其好恶未必客观。参看 [13.24]。

[15.29]

子曰:"人能弘道,非道弘人。"

[白话]

孔子说:"人可以弘扬人生理想,而不是靠人生理想来弘扬人。"

[解读]

① 弘:有弘扬、体现之意。主动权在于人,而不在于道。
② 道:指人生理想。再伟大的道也无法使一个人完美,除非这个人主动努力体现道。因此,了解"道"的人,还须以行动配合。不了解"道"的人,则由于人性向善,也有可能本着良知走上正途。

[15.30]

子曰:"过而不改,是谓过矣。"

[白话]

　　孔子说:"有了过错却不改正,那才叫做过错啊!"

[解读]

① 过:人难免有过错,只要能改,就会日进于善。参考[4.7]、[5.26]。

[15.31]

　　子曰:"吾尝终日不食,终夜不寝,以思,无益,不如学也。"

[白话]

　　孔子说:"我曾经整天不吃,整晚不睡,全部时间都用于思考,可是没有什么益处,还不如去学习啊。"

[解读]

① 思与学相辅相成,不可偏取其一。参考[2.15]。

[15.32]

　　子曰:"君子谋道不谋食。耕也,馁在其中矣;学也,禄在其中矣。君子忧道不忧贫。"

[白话]

　　孔子说:"君子追求的是人生理想而不是衣食无缺。认真耕田,自然得到了食物;认真学习,自然得到了俸禄。君子挂念的是人生理想而不是贫困的生活。"

[解读]

① 馁：与"禄"相对，指正常情况下的收获。依《康熙字典》，"馁"通"餧"，"喂"也。古通，今相承，以"喂"为"喂饲"之"喂"，饭也。孔子的意思是努力工作，就有食与禄，但是君子念念不忘的却是道。

[15.33]

子曰："知及之，仁不能守之，虽得之，必失之。知及之，仁能守之，不庄以莅之，则民不敬。知及之，仁能守之，庄以莅之，动之不以礼，未善也。"

[白话]

孔子说："以明智获得百姓的支持，如果仁德不足以保住他们，那么即使得到了，也一定会失去。以明智获得百姓的支持，仁德又足以保住他们，如果不以庄重的态度来治理，他们就不会认真谨慎。以明智获得百姓的支持，仁德又足以保住他们，再以庄重的态度来治理，如果动员时没有合乎礼仪的要求，还是不够完美。"

[解读]

① 之：本章十一个"之"字都是指百姓。知与仁这两个步骤属于"道之以德"，庄与礼则近于"齐之以礼"[2.3]。合而观之，孔子是在为政治领袖提供治国良方。

[15.34]

子曰："君子不可小知而可大受也，小人不可大受而可小知也。"

[白话]

孔子说:"君子没有办法在小地方显示才干,却可以接受重大的任务。小人没有办法接受重大的任务,却可以在小地方显示才干。"

[解读]

① 小人:小人未必没有才干,只是缺少大志与远见,所以不可"大受"。

[15.35]

子曰:"民之于仁也,甚于水火。水火,吾见蹈而死者矣,未见蹈仁而死者也。"

[白话]

孔子说:"百姓需要走上人生正途,胜过需要水与火。我见过有人为了得到水与火而牺牲生命,但是却不曾见过有人为了走上人生正途而死。"

[解读]

① 仁:走上人生正途是人活着的目的,本末不可倒置。孔子感叹人们只知谋生,却忽略了谋生的目的,不能做到"杀身以成仁"[15.9]。

[15.36]

子曰:"当仁,不让于师。"

[白话]

孔子说:"遇到人生正途上该做的事,即使对老师也不必谦让。"

[解读]

① 师生皆应以"仁"为目标,互相勉励走上人生正途,所以学生不必对老师谦让。

[15.37]

子曰:"君子贞而不谅。"

[白话]

孔子说:"君子坚持大的原则而不拘泥于小信。"

[解读]

① 谅:言而有信,但是未必符合大的原则,有可能因而造成祸害。

[15.38]

子曰:"事君,敬其事而后其食。"

[白话]

孔子说:"侍奉君主,认真做好分内的工作,然后才想到俸禄。"

[解读]

① 古代的"君"可包括天子、诸侯、卿大夫等,今日则指上司、长官、老板等。"事"是侍奉,意指合宜的相处之道。

[15.39]

子曰:"有教无类。"

[白话]

孔子说:"我在教学时一视同仁,不会区分学生的类别。"

[解读]

① 类:社会上的各种区分,如阶级、地域、贫富、智愚等。

[15.40]

子曰:"道不同,不相为谋。"

[白话]

孔子说:"人生理想不同的话,不必互相商议。"

[解读]

① 道:人各有志,因而人生理想未必相同。孔子一方面深信自己把握的是正道,同时也不否定别人有各行其道的自由。这是宽容与尊重的态度。参照 [2.16]。

[15.41]

子曰:"辞达而已矣。"

[白话]

孔子说:"言辞能做到达意就可以了。"

[解读]

① 达：达意，不必多加文饰。

[15.42]

师冕见（xiàn），及阶，子曰："阶也。"及席，子曰："席也。"皆坐，子告之曰："某在斯，某在斯。"师冕出。子张问曰："与师言之道与？"子曰："然，固相师之道也。"

[白话]

师冕来见孔子，走到台阶前，孔子说："这是台阶。"走到坐席旁，孔子说："这是坐席。"大家坐定之后，孔子告诉他说："某人在这里，某人在这里。"师冕告辞走了。子张请教说："这是与盲者说话的方式吗？"孔子说："对的，这确实是与盲者说话的方式啊！"

[解读]

① 师冕：师是乐师，古代一般由盲者担任，冕是乐师之名。孔子对人的态度既真诚又体谅，从容合宜，由此可见。

季氏 第十六

[16.1]

季氏将伐颛（zhuān）臾（yú）。冉有、季路见于孔子曰："季氏将有事于颛臾。"

孔子曰："求！无乃尔是过与？夫颛臾，昔者先王以为东蒙主，且在邦域之中矣，是社稷之臣也。何以伐为？"

冉有曰："夫子欲之，吾二臣者皆不欲也。"

孔子曰："求！周任有言曰：'陈力就列，不能者止。'危而不持，颠而不扶，则将焉用彼相矣？且尔言过矣，虎兕（sì）出于柙（xiá），龟玉毁于椟中，是谁之过与？"

冉有曰："今夫颛臾，固而近于费（bì）。今不取，后世必为子孙忧。"

孔子曰："求！君子疾夫舍曰欲之而必为之辞。丘也闻有国有家者，不患贫而患不均，不患寡而患不安。盖均无贫，和无寡，安无倾。夫如是，故远人不服，则修文德以来之。既来之，则安之。今由与求也，相夫子，远人不服，而不能来也；邦分崩离析，而不能守也；而谋动干戈于邦内。吾恐季孙之忧，不在颛臾，而在萧墙之内也。"

[白话]

季氏准备攻打颛臾。冉有与子路一起来见孔子说:"季氏准备对颛臾用兵了。"

孔子说:"求,难道这不该责怪你吗?这个颛臾,古代君主曾经授权它主持东蒙山的祭祀,并且领地在鲁国的国境内,是鲁国的附庸藩属,为什么要攻打它呢?"

冉有说:"是季孙想要这么做的,我们两个做臣下的都不赞同。"

孔子说:"求,周任说过一句话:'能够贡献力量,才去就任职位;做不到的人就下台。'看到盲者遇到危险而不去保护,快要摔倒而不去扶持,那么这样的助手又有什么用呢?你的话真是说错了。老虎与野牛逃出了栅栏,龟壳与美玉在柜子里毁坏了,这是谁的过失呢?"

冉有说:"眼前这个颛臾,城墙牢固并且离季氏的采邑费地很近,现在不占据它,将来一定会给子孙留下后患。"

孔子说:"求,君子就讨厌那种不说自己贪心而一定要找借口的人。我听说过,诸侯与大夫不担心人民贫穷,只担心财富不均;不担心人口太少,只担心社会不安。因为如果财富平均,便无所谓贫穷;人民和谐相处,就不会觉得人少;社会安定,就不会倾危。能做到这样,远方的人如果还不顺服,就致力于礼乐教化,使他们自动来归。来归之后,就要安顿他们。现在由与求二人辅助季孙,远方的人不顺服,却没有办法让他们自动来归;国家分崩离析,却没有办法保全;反而想在国境内发动战争。我恐怕季孙所忧虑的不在颛臾,而在鲁君啊。"

[解读]

① 季氏:季康子。
② 颛臾:孔安国注:"颛臾,伏羲之后,风姓之国。本鲁之附庸,

当时臣属鲁。季氏贪其土地，欲灭而取之。冉有与季路为季氏臣，来告孔子。"当时颛臾受命负责东蒙山的祭祀。
③ 周任：古代的一位史官。费：季氏的采邑。
④ "不患寡而患不均，不患贫而患不安"一语，应调换二字为"不患贫而患不均"，此指财富；"不患寡而患不安"，此指人民。由下文"均无贫、和无寡"可证。
⑤ 萧墙之内：指鲁哀公。当时颛臾仍然效忠鲁君，而鲁君与季氏的明争暗斗并非秘密。

[16.2]

孔子曰："天下有道，则礼乐征伐自天子出；天下无道，则礼乐征伐自诸侯出。自诸侯出，盖十世希不失矣；自大夫出，五世希不失矣；陪臣执国命，三世希不失矣。天下有道，则政不在大夫。天下有道，则庶人不议。"

[白话]

孔子说："天下政治上轨道，制礼作乐与出兵征伐都由天子决定；天下政治不上轨道，制礼作乐与出兵征伐就由诸侯决定。由诸侯决定的话，大概传到十代就很少能持续了；由大夫决定的话，传到五代就很少能持续了；大夫的家臣把持朝政的话，传到三代就很少能持续了。天下政治上轨道，国家政权不会落在大夫手上。天下政治上轨道，一般百姓不会议论纷纷。"

[16.3]

孔子曰："禄之去公室五世矣，政逮于大夫四世矣，故夫三桓之子孙微矣。"

[白话]

孔子说:"国家政权离开鲁君之手,已经五代了;政权由大夫把持已经四代了,所以三桓的子孙现在也衰微了。"

[解读]

① 五世:鲁君失其权,已有宣公、成公、襄公、昭公、定公五代。
② 四世:从季氏掌权,已有文子、武子、平子、桓子四代。
③ 三桓:仲孙、叔孙、季孙是鲁国的三卿,皆为鲁桓公之后,故称"三桓"。参看[3.2]。

[16.4]

子曰:"益者三友,损者三友。友直,友谅,友多闻,益矣。友便(pián)辟,友善柔,友便(pián)佞,损矣。"

[白话]

孔子说:"三种朋友有益,三种朋友有害。与正直的人为友,与诚信的人为友,与见多识广的人为友,那是有益的;与装腔作势的人为友,与刻意讨好的人为友,与巧言善辩的人为友,那是有害的。"

[16.5]

孔子曰:"益者三乐,损者三乐。乐节礼乐,乐道人之善,乐多贤友,益矣。乐骄乐,乐佚游,乐宴乐,损矣。"

[白话]

　　孔子说:"三种快乐有益,三种快乐有害。以得到礼乐的调节为乐,以述说别人的优点为乐,以结交许多良友为乐,那是有益的。以骄纵享乐为乐,以纵情游荡为乐,以饮食欢聚为乐,那是有害的。"

[16.6]

　　孔子曰:"侍于君子有三愆(qiān):言未及之而言谓之躁,言及之而不言谓之隐,未见颜色而言谓之瞽。"

[白话]

　　孔子说:"与君子相处,要注意三种过失:不到该说话时就说了,叫做急躁;到了该说话时不说,叫做隐瞒;没看他的脸色反应就说了,叫做眼瞎。"

[解读]

① 君子:在此是指德行、地位、年龄、辈分比自己高的人,所以前面用了"侍"字。

[16.7]

　　孔子曰:"君子有三戒:少之时,血气未定,戒之在色;及其壮也,血气方刚,戒之在斗;及其老也,血气既衰,戒之在得。"

[白话]

　　孔子说:"要成为君子,必须戒惕三点:年轻时,血气还未稳定，应该戒惕的是好色；到了壮年，血气正当旺盛，应该戒惕的是好斗；到了老年，血气已经衰弱，应该戒惕的是贪求。"

[解读]

① 君子：在此是指立志成为君子的人，否则如何从"少之时"谈起？
② 血气：随着身体而有的本能与欲望。孔子并未忽略人有"血气"的问题，但是他依然肯定人应该择善固执，原因就是他深信人性向善。参考[17.2]与[17.21]解读。

[16.8]

子曰："君子有三畏：畏天命，畏大人，畏圣人之言。小人不知天命而不畏也，狎大人，侮圣人之言。"

[白话]

孔子说："要成为君子，必须敬畏以下三者：敬畏天赋使命，敬畏政治领袖，敬畏圣人的言论。至于小人，不了解天赋使命而无所敬畏，奉承讨好政治领袖，轻慢侮辱圣人的言论。"

[解读]

① 天命：天赋使命，内容有二：一是天对人的命令，使人自觉内在的向善要求，进而择善固执，最后止于至善；二是每一个人在择善时，根据主客观条件而把握的具体作为。譬如，孔子"五十而知天命"[2.4]，接着自五十五岁起，周游列国，有如奉命行事，"知其不可而为之"[14.38]。参考[11.9]解读②。
② 大人：政治领袖。他们位高权重，治理国家时稍有差错，就会

祸及百姓，所以值得人们敬畏，希望借此敦促他们恪尽职责。
③ 圣人之言：古代圣人智慧的结晶，指出人生应行之道并且昭示吉凶祸福，足以使人敬畏。

[16.9]

孔子曰："生而知之者上也；学而知之者次也；困而学之，又其次也；困而不学，民斯为下矣。"

[白话]

孔子说："生来就明白人生正途的，是上等人；学习之后明白人生正途的，是次等人；遇到困难才去学习人生正途的，是更次一等的人；遇到困难还不肯学习的，就是最下等的人了。"

[解读]

① 知之：所知的是人生正途而不是一般的知识，否则如何可能"生而知之"？并且，也只有在人生正途方面才可以说"下"。参照 [7.20]。

[16.10]

孔子曰："君子有九思：视思明，听思聪，色思温，貌思恭，言思忠，事思敬，疑思问，忿思难，见得思义。"

[白话]

孔子说："要成为君子，有九种考虑：看的时候，考虑是否明白；听的时候，考虑是否清楚；脸上的表情，考虑是否温和；

容貌与态度，考虑是否庄重；说话的时候，考虑是否真诚；做事的时候，考虑是否敬业；遇到有疑问，考虑向人请教；发怒时，考虑麻烦的后患；见到想要据为己有的东西，考虑该不该得。"

[解读]

① 思：这九思表明人生时时刻刻都需要自觉与反省，否则稍一不慎，就会造成过错，进而引发一系列的后果。孔子重视理性的作用，在此又一次得到证明。参照［2.15］、［15.31］。

[16.11]

孔子曰："见善如不及，见不善如探汤。吾见其人矣，吾闻其语矣。隐居以求其志，行义以达其道。吾闻其语矣，未见其人也。"

[白话]

孔子说："看到善的行为，就好像追赶不上；看到不善的行为，就好像伸手碰到滚烫的水。我见过这样的人，也听过这样的话。避世隐居来磨炼他的志节，实践道义来贯彻他的理想。我听过这样的话，但是不曾见过这样的人。"

[解读]

① 志：志节，需要磨炼与持守。隐居时，人可能会放弃志节。
② 道：理想。人有机会入世实现抱负时，能够坚持道义原则吗？能够坚持原有的理想吗？恐怕十分困难。这是孔子"未见"这种人的原因。参照［5.26］解读①。

[16.12]

"齐景公有马千驷,死之日,民无德而称焉。伯夷叔齐饿于首阳之下,民到于今称之。'诚不以富,亦只以异。'其斯之谓与?"

[白话]

"齐景公有四千匹马,临死的时候,百姓找不出他有什么德行可以称述。伯夷与叔齐在首阳山下饿死,百姓直到现在仍然称述他们的德行。'财富实在没有用处,只看你是否有卓越的德行。'就是这个意思吧!"

[解读]

① 本章句首应有"子曰"二字。对照 [8.1] 的"民无得而称焉"。
② "诚不以富,亦只以异"出自《诗经·小雅·我行其野》,这是由 [12.10] 移过来的句子,历代学者对此有不少争论。
③ 关于齐景公,参看 [12.11]、[18.3];关于伯夷、叔齐,参看 [5.22]、[7.15]、[18.8]。

[16.13]

陈亢问于伯鱼曰:"子亦有异闻乎?"对曰:"未也。尝独立,鲤趋而过庭,曰:'学《诗》乎?'对曰:'未也。''不学《诗》,无以言。'鲤退而学《诗》。他日,又独立,鲤趋而过庭,曰:'学礼乎?'对曰:'未也。''不学礼,无以立。'鲤退而学礼。闻斯二者。"陈亢退而喜曰:"问一得三,闻《诗》,闻礼,又闻君子之远其子也。"

[白话]

陈亢请教伯鱼说:"您在老师那儿听过不同的教诲吗?"伯鱼回答说:"没有。他曾经一个人站在堂上,我恭敬地从庭前走过,他问:'学《诗》了吗?'我回答说:'没有。'他说:'不学《诗》,就没有说话的凭借。'我就马上去学《诗》。另外一天,他又一个人站在堂上,我恭敬地从庭前走过,他问:'学礼了吗?'我回答说:'没有。'他说:'不学礼,就没有立身处世的凭借。'我就马上去学礼。我听到的是这两件事。"陈亢回去以后,高兴地说:"我问一件事,却知道了三件事:知道要学《诗》,知道要学礼,又知道君子与自己的儿子要保持适当的距离。"

[解读]

① 陈亢:陈子禽。
② 伯鱼:孔鲤,孔子之子。学《诗》见[13.5]、[17.9]、[17.10],学礼见[8.8]、[20.3]。
③ 远其子:保持适当的距离,合乎古代父严母慈的传统。

[16.14]

邦君之妻,君称之曰夫人,夫人自称曰小童;邦人称之曰君夫人,称诸异邦曰寡小君;异邦人称之亦曰君夫人。

[白话]

对国君的妻子,国君称她为夫人,她自称为小童;本国人称她为君夫人,与外国人谈话时便称她为寡小君;外国人称呼她时,也说君夫人。

阳货　第十七

[17.1]

　　阳货欲见孔子，孔子不见，归（kuì）孔子豚。孔子时（sì）其亡也，而往拜之。遇诸涂。谓孔子曰："来！予与尔言。"曰："怀其宝而迷其邦，可谓仁乎？曰不可。好从事而亟（qì）失时，可谓知乎？曰不可。日月逝矣，岁不我与。"孔子曰："诺，吾将仕矣。"

[白话]

　　阳货希望孔子拜会他，孔子不去，他就送一只烧猪给孔子。孔子趁他不在家的时候，才去拜谢。不料两人在路上碰到了。阳货对孔子说："你过来，我要与你说话。"他接着说："具备卓越的才干却让国家陷入困境，这可以称作行仁吗？我会说不可以。喜欢从政做官却屡次错过时机，这可以称作明智吗？我会说不可以。光阴似箭，时间是不会等人的。"孔子说："好吧，我会去做官的。"

[解读]

① 阳货：阳虎，名虎字货，季氏家臣。季氏数代把持鲁国朝政，阳货此时又把持季氏的权柄。后来他图谋杀害季桓子，失败后逃往晋国。

② 往拜：收到礼物，必须登门拜谢。此事约在鲁定公七年，时年孔子四十九岁。两年之后，孔子开始从政，任中都宰。

[17.2]

子曰："性相近也，习相远也。"

[白话]

孔子说："依本性来看，人与人是相近的；依习惯来看，人与人就有很大的差异了。"

[解读]

① 孔子直接论"性"，只此一处。既然"习"是后天的习惯，"性"就应该是先天的本性了。那么为何说性"相近"而不是"相同"？理解的关键是：第一，孔子认为人性不分先天后天，亦即人性是一种在生命过程中不断展现的力量。性是"源"而习是"流"，源相近而流相远。第二，已有学者指出，性之相近是相近于"善"。相近并非相等，所以不说本善，但是可以说"向善"。每个人对善都有自我要求，只是力量表现的程度有强有弱。譬如，有人犯小错，心就不安；有人犯大错，心才不安。就两者的心都会不安而言，可以说相近与向善。就两者程度的差异而言，可以归之于"习相远也"。第三，人性向善，是以人性为自我要求行善的内在力量，这种力量展现为自觉与感通，要与别人保持适当的关系，正好契合"二人为仁"的架构，也可以印证孔子所有谈仁的言论。参照 [6.19]。

② 习：原指实践，由此养成了言行习惯。《尚书·太甲上》有"兹乃不义，习与性成"一语，意为：习之于不义，将成其性。此

与西谚"习惯为第二天性"可相参照。

[17.3]

子曰:"唯上知与下愚不移。"

[白话]

孔子说:"只有最明智与最愚昧的人是不会改变的。"

[解读]

① 知:与"愚"对举,专指领悟人生正途的能力。
② 在有关人生正途的问题上,真知必能带来实践。上知已有真知,走上人生正途,不移也不必移。下愚缺少真知,一切但凭侥幸,不移也不肯移。参照 [6.21]。

[17.4]

子之武城,闻弦歌之声。夫子莞尔而笑,曰:"割鸡焉用牛刀?"子游对曰:"昔者偃也闻诸夫子曰:'君子学道则爱人,小人学道则易使也。'"子曰:"二三子!偃之言是也。前言戏之耳。"

[白话]

孔子到了武城,听到弹琴唱诗的声音。孔子微微一笑,说:"杀鸡何必要用宰牛的刀?"子游回答说:"以前我听老师说过:'做官的学习人生道理,就会爱护百姓;老百姓学习人生道理,就容易服从政令。'"孔子接着对学生们说:"各位同学,偃说的话是对的。我刚才只是同他开玩笑啊。"

[解读]

① 子游：言偃，当时担任武城的县长。
② 学道：在此是指学习典籍中所载的人生道理。

[17.5]

公山弗扰以费畔，召，子欲往。子路不说，曰："末之也，已，何必公山氏之之也？"子曰："夫召我者，而岂徒哉？如有用我者，吾其为东周乎？"

[白话]

公山弗扰占据费邑，起兵反叛季氏。他召请孔子去帮忙，孔子想要前往。子路很不高兴，说："没有地方去就算了，为什么一定要去公山氏那里呢？"孔子说："请我去的人，难道没有什么意图吗？如果有人任用我，我难道只想维持东周这种衰弱的局势吗？"

[解读]

① 公山弗扰：可能是公山不狃（niǔ）。他以家臣身份反叛大夫季氏，理由可能是为了支持鲁君，所以孔子有意前去，但是后来并未成行。参照［9.13］、［17.7］。
② 东周：周朝自平王东迁之后，称为东周，此后天子失权，诸侯各自为政。孔子想借着治理鲁国，进而平治天下。"吾其为……"，"其"通"岂"。

[17.6]

子张问仁于孔子。孔子曰："能行五者于天下为仁矣。""请问之。"曰:"恭,宽,信,敏,惠。恭则不侮,宽则得众,信则人任焉,敏则有功,惠则足以使人。"

[白话]

子张向孔子请教如何行仁。孔子说:"做人处事能符合五点要求,就是行仁了。"子张说:"请您教导这五点要求。"孔子说:"庄重,宽大,诚实,勤快,施惠。庄重就不会招来侮辱,宽大就会得到众人的支持,诚实就会受人任用,勤快就会产生功效,施惠就能够领导别人。"

[解读]

① 仁:从孔子的回答,可知行仁不能离开做人处事的表现。走在人生正途上,不能忽略"人与人之间适当关系之实现",亦即"善"。若要实现自己的人性,除了努力实践内心向善的要求,别无选择。

[17.7]

佛(bì)肸(xī)召,子欲往。子路曰:"昔者由也闻诸夫子曰:'亲于其身为不善者,君子不入也。'佛肸以中牟畔,子之往也,如之何?"子曰:"然,有是言也。不曰坚乎,磨而不磷(lìn);不曰白乎,涅而不缁。吾岂匏瓜也哉?焉能系而不食?"

[白话]

佛肸召请孔子,孔子想要前往。子路说:"以前我听老师说过,'自己动手公然行恶的人那里,君子是不会前去的。'现在佛肸占据中牟,起兵反叛,您却想要前去,又该怎么说呢?"孔子说:

"对的，我说过这样的话。但是，我们不是也说：最坚硬的东西，是磨也磨不薄的？我们不是也说：最洁白的东西，是染也染不黑的？我难道只是匏瓜星吗？怎么可以挂在那儿不让人食用呢？"

[解读]

① 佛肸是晋国大夫范氏、中行氏的家臣，中牟县的县长。赵简子攻打范氏、中行氏时，佛肸坚守中牟县抵抗赵简子。参照[9.13]、[17.5]。

② 匏瓜：古代星辰之名。《天官星占》说："匏瓜一名天鸡，在河鼓东。"匏瓜星徒有匏瓜之形却无匏瓜之质，高悬空中而不能让人食用。孔子不愿像匏瓜星一样，亦即他想要出仕为官。

[17.8]

子曰："由也！女闻六言六蔽矣乎？"对曰："未也。""居！吾语女。好仁不好学，其蔽也愚；好知不好学，其蔽也荡；好信不好学，其蔽也贼；好直不好学，其蔽也绞；好勇不好学，其蔽也乱；好刚不好学，其蔽也狂。"

[白话]

孔子说："由！你听过六种品德与六种流弊的说法吗？"子路回答说："没有。"孔子说："你坐下，我来告诉你。爱好行仁而不爱好学习，那种流弊就是愚昧上当；爱好明智而不爱好学习，那种流弊就是游谈无根；爱好诚实而不爱好学习，那种流弊就是伤害自己；爱好直率而不爱好学习，那种流弊就是尖酸刻薄；爱好勇敢而不爱好学习，那种流弊就是胡作非为；爱好刚强而不爱好学习，那种流弊就是狂妄自大。"

[解读]

① 如果不学习，就无法明白事理，如此即使有心实践品德，也容易出现流弊。孔子重视学习，提醒我们走在人生正途上，要善用理性的力量。参照［8.2］。

［17.9］

子曰："小子何莫学夫《诗》？《诗》，可以兴，可以观，可以群，可以怨。迩之事父，远之事君，多识于鸟兽草木之名。"

[白话]

孔子说："同学们为什么不学《诗》呢？《诗》，可以引发真诚的心意，可以观察自己的志节，可以沟通人与人之间的感情，可以讽谏怨刺不平之事。学了《诗》，以近的来说，懂得如何侍奉父母；以远的来说，懂得如何侍奉君主。此外，还能广泛认识草木鸟兽的名称。"

[解读]

① "兴""观""群""怨"，是孔子对《诗》的教化作用的高度概括。真能充分发挥这种作用，应该可以达到"温柔敦厚，《诗》教也"的成效。参考［2.2］、［3.20］。
② 根据统计，《诗经》中，草有113种，木有75种，鸟有39种，兽有67种，虫有29种，鱼有20种。

［17.10］

子谓伯鱼曰："女为《周南》《召南》矣乎？人而不为《周南》

《召南》，其犹正墙面而立也与！"

[白话]

孔子对伯鱼说："你仔细读过《周南》与《召南》了吗？一个人如果不曾仔细读过《周南》与《召南》，就会像面朝墙壁站着的人。"

[解读]

① 《诗经》分为风、雅、颂三部分，风按地区分为十五国风，《周南》《召南》居十五国风之首。"二南"内容侧重夫妇相处之道，有勉人修身齐家之意。
② 正墙面而立：什么都看不到，哪里都去不了。参看［16.13］。

[17.11]

子曰："礼云礼云，玉帛云乎哉？乐云乐云，钟鼓云乎哉？"

[白话]

孔子说："我们说礼啊礼啊，难道只是在说玉帛这些礼品吗？我们说乐啊乐啊，难道只是在说钟鼓这些乐器吗？"

[解读]

① 礼有具体表现的形式与器物，但是更重要的却是行礼之人的真实情感。乐也是如此。参考"人而不仁，如礼何？人而不仁，如乐何？"［3.3］
② 所谓"礼坏乐崩"，即指礼乐沦为形式，只剩祭器与乐器，而失去真诚情感。

[17.12]

子曰:"色厉而内荏(rěn),譬诸小人,其犹穿窬(yú)之盗也与?"

[白话]

孔子说:"脸色严肃而内心怯弱的人,可以比拟为小人,就像闯入门户里的小偷吧!"

[解读]

① 盗:这种小偷表面凶狠而内心怯懦。

[17.13]

子曰:"乡原(yuàn),德之贼也。"

[白话]

孔子说:"不分是非的好好先生,正是败坏道德风气的小人。"

[解读]

① 每个群体都可能有所谓的"好好先生",他们谁都不得罪,表面媚俗而心中毫无理想。
② 孔子对乡愿的批评,可参看《孟子·尽心下》。

[17.14]

子曰:"道听而涂说,德之弃也。"

[白话]

孔子说:"听到传闻就到处散布,正是背离德行修养的做法。"

[解读]

① 道德修行必须由闻而思而修,若是四处散播没有根据的言论,则是与道德修养背道而驰。

[17.15]

子曰:"鄙夫可与事君也与哉?其未得之也,患不得之。既得之,患失之。苟患失之,无所不至矣。"

[白话]

孔子说:"我们能与志节鄙陋的人一起侍奉君上吗?这种人在没有得到职位时,害怕得不到;一旦得到了,又害怕失去。因为害怕失去职位,什么事都干得出来。"

[解读]

① "鄙夫"也可以指纯朴的乡下人[9.8]。但是在本章,则显然是指小人。
② "无所不至"一语,可对照《大学》所云:"小人闲居为不善,无所不至。"

[17.16]

子曰:"古者民有三疾,今也或是之亡也。古之狂也肆,今之狂也荡;古之矜也廉,今之矜也忿戾;古之愚也直,今之愚也诈而已矣。"

[白话]

孔子说："古代百姓有三点为人诟病的，现在的百姓连这些都比不上了。古代狂妄的人不拘小节，现在狂妄的人放纵言行；古代矜持的人不屑造作，现在矜持的人愤世嫉俗；古代愚昧的人还算直率，现在愚昧的人却只知耍弄心机罢了。"

[解读]

① 疾：偏差的表现，为人所诟病的地方。任何地方的民风都有其特色，百姓之中有的狂，有的矜，有的愚。即使就此而论，古今也相去甚远，孔子因而感叹。参照［8.16］。

［17.17］

子曰："巧言令色，鲜矣仁。"

[白话]

孔子说："说话美妙动听，表情讨好热络，这种人很少有真诚的心意。"

[解读]

① 本章已见于［1.3］。

［17.18］

子曰："恶紫之夺朱也，恶郑声之乱雅乐也，恶利口之覆邦家者。"

[白话]

孔子说:"我厌恶的是紫色夺取了红色的地位,我厌恶的是郑国的乐曲扰乱了典雅的乐曲,我厌恶的是以伶牙俐齿颠覆国家的人。"

[解读]

① 诸侯衣服原以红色为正,春秋时代鲁桓公尚紫,逐渐改变了风气。孔子厌恶的是似是而非,似是而非的东西混淆了礼制、音乐与国家法纪。

[17.19]

子曰:"予欲无言。"子贡曰:"子如不言,则小子何述焉?"子曰:"天何言哉?四时行焉,百物生焉,天何言哉?"

[白话]

孔子说:"我不想再说话了。"子贡说:"老师如果不说话,那么我们学生要传述什么呢?"孔子说:"天说了什么啊?四季照样在运行,万物照样在生长,天说了什么啊?"

[解读]

① 孔子所说的道理,固然可以让学生传述,而其真正目的却是普及教化的效果。只有传述而无效果,则是本末倒置。由此可以看出孔子是在感慨,而不是真的不想再说话。
② 天虽不言,而其运作的效果仍在。孔子这句话反映了古代的信念,即以天为"造生者"与"载行者"。天是万物的根源,也

是维系一切的力量。参考［11.9］解读②。

[17.20]

孺悲欲见孔子，孔子辞以疾。将命者出户，取瑟而歌，使之闻之。

[白话]

孺悲来了，要拜访孔子，孔子托言有病，拒绝见他。传命的人一走出房间，孔子就取出瑟来边弹边唱，让孺悲可以听到。

[解读]

① 孺悲：鲁国人，曾向孔子学习"士丧礼"。
② 辞以疾：古代经常以疾病为托辞，但是孔子又故意取瑟而歌，目的是让孺悲自省其过失。这是以不教为教。

[17.21]

宰我问："三年之丧，期已久矣。君子三年不为礼，礼必坏；三年不为乐，乐必崩。旧谷既没，新谷既升，钻燧改火，期（jī）可已矣。"

子曰："食夫稻，衣夫锦，于女安乎？"

曰："安。"

"女安，则为之！夫君子之居丧，食旨不甘，闻乐不乐，居处不安，故不为也。今女安，则为之！"

宰我出。子曰："予之不仁也！子生三年，然后免于父母之怀。夫三年之丧，天下之通丧也。予也有三年之爱于其父母乎！"

[白话]

　　宰我请教说:"为父母守丧三年,时间未免太长了。君子三年不举行礼仪,礼仪一定会荒废;三年不演奏音乐,音乐一定会散乱。旧谷吃完,新谷也已收获;打火的燧木轮用了一次。所以守丧一年就可以了。"

　　孔子说:"守丧未满三年,就吃白米饭,穿锦缎衣,你心里安不安呢?"

　　宰我说:"安。"

　　孔子说:"你心安,就去做吧!君子在守丧时,吃美食不辨滋味,听音乐不感到快乐,住家里不觉舒适,所以不这么做。现在你既然心安,就去做吧!"

　　宰我退出房间后,孔子说:"予没有真诚的情感啊!一个孩子生下来,三年以后才能离开父母的怀抱。为父母守丧三年,天下人都是这么做的。予的父母也曾将他抱在怀中照顾三年啊!"

[解读]

① 三年之丧:为父母守丧三年。三年是指二十五个月,《礼记·三年问》与《荀子·礼论》皆如是说。孔子认为这是天下之通丧,即在伦理规范上"应该"如此,而事实上在当时许多人已无法遵行。

② 宰我是言语科的高才生,他对守丧三年的质疑兼顾了人文世界(礼与乐)与自然世界(谷与火)两方面的因素,可谓相当周全,但是却忽略了人的情感需要。

③ 孔子认为人间的伦理规范(三年之丧)是为了响应心理情感(安)而定的,而心理情感又可以推源于生理特性(三年免怀)。如此形成"生理—心理—伦理"的观点,可以说明人性的开展过程以及人性何以向善,亦即为何不守三年之丧就会不安。换

言之，孔子心目中的人性，不能离开人的生命具体存在及成长的处境。

④ 不仁：指宰我忽略了内心的真诚情感。关于宰我，参看[3.21]、[5.9]、[6.26]。

[17.22]

子曰："饱食终日，无所用心，难矣哉！不有博弈（yì）者乎？为之，犹贤乎已。"

[白话]

孔子说："整天吃饱了饭，对什么事都不用心思，这样很难走上人生正途啊！不是有掷骰下棋的游戏吗？去玩玩也比这样无聊要好些！"

[解读]

① 难：就走上人生正途而言。孔子认为即使当下没有走在人生正途上，也要花些心思，激发潜力，再回归正途。参看[15.17]。

[17.23]

子路曰："君子尚勇乎？"子曰："君子义以为上，君子有勇而无义为乱，小人有勇而无义为盗。"

[白话]

子路说："君子推崇勇敢吗？"孔子说："君子推崇的是道义，君子光有勇敢而没有道义，就会作乱；小人光有勇敢而没有道义，就会偷盗。"

[解读]

① 君子：指立志成为君子的人。由本章内容来看，孔子是用假设状况来表明君子"应该"如何做，否则就会如何。有此理解，就不必考虑君子是有位者或有德者。至于小人，则指不愿立志改善自我的一般人。参看［15.18］。

[17.24]

子贡曰："君子亦有恶（wù）乎？"子曰："有恶，恶称人之恶（è）者，恶居下而讪上者，恶勇而无礼者，恶果敢而窒者。"曰："赐也，亦有恶乎？""恶徼（jiāo）以为知者，恶不孙以为勇者，恶讦（jié）以为直者。"

[白话]

子贡说："君子也有厌恶的事吗？"孔子说："有厌恶的事：厌恶述说别人缺点的人，厌恶在下位而毁谤长官的人，厌恶勇敢而不守礼仪的人，厌恶一意孤行却到处行不通的人。"孔子说："赐，你也有厌恶的事吗？"子贡说："厌恶卖弄聪明却以为自己明智的人，厌恶狂妄无礼却以为自己勇敢的人，厌恶揭人隐私却以为自己正直的人。"

[17.25]

子曰："唯女子与小人为难养也，近之则不孙，远之则怨。"

[白话]

孔子说:"只有女子与小人是难以共处的:与他们亲近,他们就无礼,对他们疏远,他们就抱怨。"

[解读]

① 古代女子没有与男子平等的受教育机会,在经济上亦不能独立,所以心胸与视野受到很大的限制。孔子所说的是古代的情况,在当今社会已经不再适用了。
② 本章为孔子对当时社会现状的客观描述,而非孔子发表个人的特定主张。若孔子今日重说此言,将会说"唯小人为难养也"。不过,如此一来,"小人"就兼指男女了。

[17.26]

子曰:"年四十而见恶(wù)焉,其终也已。"

[白话]

孔子说:"到了四十岁还被人厌恶,大概没有什么发展了。"

[解读]

① 这句话可能是孔子在感叹自身的遭遇。他三十五岁前往齐国,停留两年,齐景公曾有意重用他,但为晏婴所反对。这句话若不是孔子心情的写照,实在很难具有普遍的意义。

微子　第十八

[18.1]

　　微子去之，箕子为之奴，比干谏而死。孔子曰："殷有三仁焉。"

[白话]

　　微子离开了纣王，箕子沦为他的奴隶，比干劝谏他而被杀。孔子说："商朝末年有这三位行仁的人。"

[解读]

① 微子启，为商纣王同母长兄。因母亲先为帝乙之妾，后立为妻，再生纣，所以由纣继承王位。箕子与比干都是商纣王的叔父。他们三人各自择其善而固执之，下场虽有不同，却都合乎行仁的要求。
② 仁：走上人生正途，完成人生理想的人。

[18.2]

　　柳下惠为士师，三黜（chù），人曰："子未可以去乎？"曰："直道而事人，焉往而不三黜？枉道而事人，何必去父母之邦？"

[白话]

柳下惠担任典狱官时,多次被免职。有人对他说:"您这样还不愿离开鲁国吗?"他说:"坚持原则为人工作,去哪里不会多次被免职?放弃原则为人工作,又为什么一定要离开自己的国家?"

[解读]

① 道:指走在人生正途所应坚持的原则、理想。参看[15.14]。

[18.3]

齐景公待孔子,曰:"若季氏则吾不能,以季、孟之间待之。"曰:"吾老矣,不能用也。"孔子行。

[白话]

齐景公谈到对待孔子的礼数时,说:"像鲁君对待季氏那样,我办不到;我以低于季氏而高于孟氏的礼数来对待他。"不久,又说:"我已经老了,没有办法任用他了。"孔子于是离开了齐国。

[解读]

① 季氏:当时鲁国三卿之中,季氏地位最高,其次是叔氏,然后才是孟氏。此事发生于鲁昭公二十七年,时年孔子三十七岁。

[18.4]

齐人归(kuì)女乐(yuè),季桓子受之,三日不朝,孔子行。

[白话]

　　齐国送了一批能歌善舞的女子给鲁国，执政的季桓子接受了，三天不问政事。孔子于是离职走了。

[解读]

① 季桓子：季孙斯，当时为执政上卿。孔子原是司寇，颇有政绩，这时辞官走了。此事发生于鲁定公十三年，时年孔子五十五岁，自此周游列国十四年。

[18.5]

　　楚狂接舆歌而过孔子曰："凤兮凤兮！何德之衰？往者不可谏，来者犹可追。已而已而，今之从政者殆而！"孔子下，欲与之言。趋而辟之，不得与之言。

[白话]

　　楚国一位狂放不羁的人接舆，唱着歌经过孔子的马车旁，唱的是："凤凰啊，凤凰啊！你的风格怎么变得如此落魄？过去的已经无法挽回，未来的还来得及把握。算了吧，算了吧，现在从事政治的人都很危险啊。"孔子下车，想要同他说话。他却赶快避开，使孔子没有办法同他说话。

[解读]

① 接舆：这是真实的姓名，还是"接孔子之舆而歌"的描述？事实上，接舆在古代资料中已被当做特定的人名使用。
② 凤：指志行高洁的人。
③ 德：指风格、作风，如"君子之德风，小人之德草"[12.19]

之"德"。

[18.6]

长沮（jū）、桀溺耦而耕，孔子过之，使子路问津焉。

长沮曰："夫执舆者为谁？"子路曰："为孔丘。"曰："是鲁孔丘与？"曰："是也。"曰："是知津矣。"

问于桀溺。桀溺曰："子为谁？"曰："为仲由。"曰："是鲁孔丘之徒与？"对曰："然。"曰："滔滔者天下皆是也，而谁以易之？且而与其从辟人之士也，岂若从辟世之士哉？"耰（yōu）而不辍。

子路行以告。夫子怃然曰："鸟兽不可与同群，吾非斯人之徒与而谁与？天下有道，丘不与易也。"

[白话]

长沮与桀溺一起在耕田，孔子经过那儿，吩咐子路去向他们询问渡口的位置。

长沮反问子路："那位手拉缰绳的人是谁？"子路说："是孔丘。"长沮说："是鲁国的孔丘吗？"子路说："是的。"长沮说："他早就知道渡口在哪里了。"

子路又去问桀溺。桀溺反问他："您是谁？"子路说："我是仲由。"桀溺说："是鲁国孔丘的门徒吗？"子路说："是的。"桀溺说："像大水泛滥的情况，到处都是一样，你要同谁去改变呢？你与其追随逃避坏人的人，何不跟着逃避社会的人呢？"说完，继续覆平田土。

子路回来报告孔子这一切。孔子神情怅然地说："我们没有办法与飞禽走兽一起生活，如果不同人群相处又要同谁相处呢？

天下政治若是上轨道，我就不会带你们去试图改变了。"

[解读]

① 长沮、桀溺：隐者，不是真实的姓名。
② 知津：这是隐者对孔子的肯定，表示孔子知道何去何从，只是过于坚持自己的信念罢了。

[18.7]

子路从而后，遇丈人，以杖荷（hè）蓧（diào）。

子路问曰："子见夫子乎？"丈人曰："四体不勤，五谷不分，孰为夫子？"植其杖而芸。子路拱而立。止子路宿，杀鸡为黍而食之，见其二子焉。

明日，子路行以告。子曰："隐者也。"使子路反见之。至，则行矣。

子路曰："不仕无义。长幼之节，不可废也；君臣之义，如之何其废之？欲洁其身而乱大伦。君子之仕也，行其义也。道之不行，已知之矣。"

[白话]

子路跟随孔子，却远远落在后面，遇到一位老人家，用木棍挑着除草的工具。

子路便问他："您看到我的老师了吗？"

老人家说："你这个人，四肢不劳动，五谷也分不清，我怎么知道你的老师是谁？"说完就放下木棍去除草。子路拱着手站在一边。稍后，老人家留子路到家里过夜，杀鸡做饭给子路吃，又叫两个儿子出来相见。

第二天，子路赶上了孔子，报告这一切经过。孔子说："这是一位隐居的人。"接着吩咐子路回去看看他。子路到了那儿，老人家却出门了。

子路说："不从政是不应该的。长幼间的礼节都不能废弃，君臣间的道义又怎么能废弃呢？原本想要洁身自爱，结果却败坏了更大的伦常关系。君子出来从政，是做道义上该做的事。至于政治理想无法实现，则是我们早已知道的啊。"

[解读]

① 子路曰：这是子路转述孔子（使反见之）交代的话，并且是子路对老人家的二子说的。
② 长幼之节：老人家曾让二子与子路相见，表示仍然重视长幼之节。

[18.8]

逸民：伯夷、叔齐、虞仲、夷逸、朱张、柳下惠、少连。子曰："不降其志，不辱其身，伯夷、叔齐与！"谓："柳下惠、少连，降志辱身矣，言中伦，行中虑，其斯而已矣。"谓："虞仲、夷逸，隐居放言，身中清，废中权。我则异于是，无可无不可。"

[白话]

遁世隐居的人有：伯夷、叔齐、虞仲、夷逸、朱张、柳下惠、少连。孔子说："志节不受委屈，人格不受侮辱的，是伯夷与叔齐吧！"又说："柳下惠与少连，志节受委屈，人格受侮辱，可是言语合乎规矩，行为经过考虑，就是如此吧！"又说："虞仲与夷逸，隐居起来，放言高论，人格表现廉洁，被废也合乎权宜。我是与这些人都不同的，没有一定要怎么做，也没有一定不要怎么做。"

[解读]

① 逸民：这七人中，夷逸、朱张、少连的生平已不可考，而朱张甚至不在孔子评述之列。
② 我：孔子的原则是通权达变，因时制宜。在确定自己的理想之后，可以行则行，可以止则止。参照［4.10］。

[18.9]

大（tài）师挚适齐，亚饭干适楚，三饭缭适蔡，四饭缺适秦，鼓方叔入于河，播鼗（táo）武入于汉，少师阳、击磬襄入于海。

[白话]

太师挚前往齐国，二饭乐师干前往楚国，三饭乐师缭前往蔡国，四饭乐师缺前往秦国，打鼓的方叔移居黄河边，摇小鼓的武移居汉水边，少师阳与击磬的襄移居海边。

[解读]

① 大师：鲁国乐官之长。古代天子与诸侯用饭时要奏乐，所以用亚饭等为乐师之名称。此一乐官流散各地的局面，大概发生在鲁哀公之时。

[18.10]

周公谓鲁公曰："君子不施（chí）其亲，不使大臣怨乎不以。故旧无大故，则不弃也。无求备于一人。"

[白话]

　　周公对鲁公说:"君子不会疏忽慢待他的亲族;不会让大臣抱怨没有受到重视;长期追随的属下没有严重过失,就不要弃之不用;不要要求一个人十全十美。"

[解读]

① 周公:姬旦,周初制礼作乐的圣人。鲁公是周公之子伯禽。
② 施:通"弛"。

[18.11]

　　周有八士:伯达、伯适(kuò)、仲突、仲忽、叔夜、叔夏、季随、季騧(guā)。

[白话]

　　周朝有八位著名的读书人:伯达、伯适、仲突、仲忽、叔夜、叔夏、季随、季騧。

子张　第十九

[19.1]

子张曰:"士见危致命,见得思义,祭思敬,丧思哀,其可已矣。"

[白话]

子张说:"读书人看见危险,不惜牺牲生命;看见利益,要想该不该得;祭祀时,要想到虔诚;居丧时,要想到悲戚。这样就算不错了。"

[解读]

① 此处的"见危致命"并不是要人轻易赴死,而是在合乎道义原则时,才可不惜牺牲生命。阅读本篇一定不要将孔子学生的观点等同于孔子本人的观点。

[19.2]

子张曰:"执德不弘,信道不笃,焉能为有?焉能为亡(wú)?"

[白话]

　　子张说:"对德行的实践不够坚持,对理想的信念不够深刻。这样的人,不是有他不为多,无他不为少吗?"

[解读]

① 道:指人生理想。亦即,抵达至善才是人生的至高目标。

[19.3]

　　子夏之门人问交于子张。子张曰:"子夏云何?"对曰:"子夏曰:'可者与之,其不可者拒之。'"子张曰:"异乎吾所闻。君子尊贤而容众,嘉善而矜不能。我之大贤与,于人何所不容?我之不贤与,人将拒我,如之何其拒人也?"

[白话]

　　子夏的学生向子张请教交友之道。子张说:"子夏说了些什么?"这位学生回答:"子夏说:'值得交往的,才与他交往;不值得交往的,就拒绝他。'"子张说:"我所听到的与此不同。君子尊敬才德卓越的人,也接纳一般大众;称赞行善的人,也同情未能行善的人。我若是才德卓越,什么人不能接纳?我若是才德不卓越,别人将会拒绝我,我又凭什么去拒绝别人?"

[解读]

① 交:交友之道。子夏与子张所说不同,因为前者是对初学者而言,后者则就已有君子表现的人而言。关于子张和子夏,可参看[11.16]。

[19.4]

子夏曰:"虽小道,必有可观者焉;致远恐泥(nì),是以君子不为也。"

[白话]

子夏说:"就是一般的技艺,也必定有它值得欣赏的地方。不过,长期专注于此,恐怕会陷入执著的困境,所以君子不去碰它。"

[解读]

① 小道:指一般的技艺,其内容广泛故不详列。和它相对的,是道或大道,即读书人的理想:行善成德,济世救人。事实上,对于可观的小道,只要不太执著,也能给生活增添很多乐趣。

[19.5]

子夏曰:"日知其所亡(wú),月无忘其所能,可谓好学也已矣。"

[白话]

子夏说:"每天知道自己所未知的,每月不要忘记自己所已知的,这样可以说是爱好学习了。"

[19.6]

子夏曰:"博学而笃志,切问而近思,仁在其中矣。"

[白话]

　　子夏说:"广泛地学习,同时坚定志节;恳切地发问,同时就近省思;人生正途就可以找到了。"

[解读]

① 仁:人生正途。一个人若能兼顾本章所说的四点,就能选择正确的人生之路。在缺少良师益友的情况下,这是可行的办法。

[19.7]

　　子夏曰:"百工居肆以成其事,君子学以致其道。"

[白话]

　　子夏说:"各类工匠在作坊里完成他们的工作,君子则努力学习从而领悟他的理想。"

[解读]

① 君子:指立志成为君子的人。学习可以领悟理想,进而努力实践。

[19.8]

　　子夏曰:"小人之过也必文(wèn)。"

[白话]

　　子夏说:"小人有了过错,一定加以掩饰。"

[解读]

① 小人：不知或不愿"立志"改善自己的人。

[19.9]

子夏曰："君子有三变：望之俨（yǎn）然，即之也温，听其言也厉。"

[白话]

子夏说："君子给人三种不同的观感：远远看他，庄重严肃；就近接触，和蔼可亲；听他说话，一丝不苟。"

[19.10]

子夏曰："君子信而后劳其民，未信则以为厉己也；信而后谏，未信则以为谤己也。"

[白话]

子夏说："君子获得百姓信赖之后才去动员他们工作，否则百姓会以为自己受到虐待。获得君上信赖之后，才去进谏他，否则君上会以为自己受到毁谤。"

[19.11]

子夏曰："大德不逾闲，小德出入可也。"

[白话]

　　子夏说:"在关键重大的行事作风上,不能逾越规范;在无足轻重的行事作风上,不妨有些取舍。"

[解读]

① 德:指行事作风,而不是道德或德行,否则岂可分大小轻重?可以参看[12.19]。

[19.12]

　　子游曰:"子夏之门人小子,当洒扫应对进退,则可矣,抑末也。本之则无,如之何?"子夏闻之,曰:"噫!言游过矣!君子之道,孰先传焉?孰后倦焉?譬诸草木,区以别矣。君子之道,焉可诬也?有始有卒者,其惟圣人乎!"

[白话]

　　子游说:"子夏的学生们对洒水、扫地、接待宾客、进退礼仪方面的事,还可以胜任,不过这些只是末节而已。做人的根本道理却没有学会,怎么可以呢?"子夏听到这些话,说:"唉!言游错了!君子所应学习的道理,哪一样要先传授,哪一样要最后讲述呢?如果以认识草木作为比喻,就是要先分为各种各类。对于君子所应学习的道理,怎么可以任意妄加批评呢?在教导时能够有始有终全面兼顾的,大概就是圣人啊!"

[解读]

① 道:成为君子所应学习的道理,包括知识与德行。
② 圣人:完美的人,此处应指孔子。

[19.13]

子夏曰:"仕而优则学,学而优则仕。"

[白话]

子夏说:"从政之后,行有余力,就该学习;学习之后,深有心得,就该从政。"

[解读]

① 仕:指从政做官。现代人参加工作也等于"仕"。行有余力,就该学习,正符合终身学习的原则。

[19.14]

子游曰:"丧致乎哀而止。"

[白话]

子游说:"居丧时,充分表现悲戚就可以了。"

[解读]

① 止:不宜因过度悲伤而危及身心。

[19.15]

子游曰:"吾友张也,为难能也,然而未仁。"

[白话]

子游说:"我的朋友子张的所作所为已经难能可贵了,不过还没有抵达完美的境界。"

[解读]

① 仁：指完美人格的最高境界。子游这样说，有与子张互相砥砺之意，而不是妄加批评。

[19.16]

曾子曰："堂堂乎张也，难与并为仁矣。"

[白话]

曾子说："子张的言行显得高不可攀，很难与他一起走上人生正途。"

[解读]

① 为仁：走上人生正途。对任何人来说，人生正途都是大同小异的，但是由于性格、志趣、知识、德行的差异，而与不同的人结伴同行。

[19.17]

曾子曰："吾闻诸夫子：'人未有自致者也，必也亲丧乎！'"

[白话]

曾子说："我听老师说过：'一般人没有充分显露自己真情的机会，如果有，那一定是在父母过世的时候吧！'"

[19.18]

曾子曰:"吾闻诸夫子:'孟庄子之孝也,其他可能也;其不改父之臣与父之政,是难能也。'"

[白话]

曾子说:"我听老师说过:'孟庄子的孝行,别的都还有办法做到,但是他不去更换父亲任用的家臣与父亲所定的政策,那才是难以做到的。'"

[解读]

① 孟庄子:鲁国大夫孟献子(仲孙蔑)之子,名速。
② 孟庄子"不改父之臣与父之政"可以与"三年无改于父之道,可谓孝矣"[1.11]对照来看。

[19.19]

孟氏使阳肤为士师,问于曾子。曾子曰:"上失其道,民散久矣。如得其情,则哀矜而勿喜。"

[白话]

孟氏任命阳肤为典狱官,阳肤向曾子请求教诲。曾子说:"现在政治领袖的言行失去规范,百姓离心离德已经很久了。你如果查出罪犯的实情,要有难过及怜悯之心,不可沾沾自喜。"

[解读]

① 阳肤:曾子的学生。

[19.20]

　　子贡曰:"纣之不善,不如是之甚也。是以君子恶(wù)居下流,天下之恶皆归焉。"

[白话]

　　子贡说:"商纣的恶行,不像现在传说的这么严重。所以君子讨厌处在下游,以免天下一切坏事都算在他身上。"

[解读]

① 下流:原指河水之下游,此处比喻众恶所归的地位。子贡的意思是若不力争上游,就会趋于堕落。

[19.21]

　　子贡曰:"君子之过也,如日月之食焉。过也,人皆见之;更也,人皆仰之。"

[白话]

　　子贡说:"君子所犯的过错,就像日食与月食:犯错的时候,大家都看得到;更改了以后,大家依然仰望他。"

[19.22]

　　卫公孙朝问于子贡曰:"仲尼焉学?"子贡曰:"文武之道,未坠于地,在人。贤者识(zhì)其大者,不贤者识其小者,莫不有文武之道焉。夫子焉不学,而亦何常师之有?"

[白话]

卫国的公孙朝请教子贡说:"孔仲尼在何处学习过?"子贡说:"周文王与武王的教化成就并没有完全失传,而是散落在人间。才德卓越的人把握住重要的部分,才德平凡的人把握住末节的部分,没有一个地方看不到文王与武王的教化成就啊。我的老师在何处不曾学习过?他又何必要有固定的老师呢?"

[解读]

① 公孙朝:卫国大夫。因鲁国、楚国、郑国各有一同名者,所以写明国别。

[19.23]

叔孙武叔语大夫于朝曰:"子贡贤于仲尼。"子服景伯以告子贡。子贡曰:"譬之宫墙,赐之墙也及肩,窥见室家之好。夫子之墙数仞,不得其门而入,不见宗庙之美,百官之富。得其门者或寡矣。夫子之云,不亦宜乎!"

[白话]

叔孙武叔在朝廷上对大夫们说:"子贡的才德比孔仲尼更卓越。"子服景伯把这句话告诉了子贡。子贡说:"以房屋的围墙作比喻吧。我家的围墙只有肩膀那么高,别人可以看到屋内美好的摆设。老师家的围墙却有几丈高,如果找不到大门进去,就看不到里面宗庙的宏伟壮观与房舍的富丽。能够找到大门的人或许很少吧,叔孙先生的话不是正好印证了这种说法吗?"

[解读]

① 叔孙武叔：叔孙州仇，鲁国大夫。
② 仞：七尺为一仞。一说，八尺为一仞。

[19.24]

叔孙武叔毁仲尼。子贡曰："无以为也！仲尼不可毁也。他人之贤者，丘陵也，犹可逾也；仲尼，日月也，无得而逾焉。人虽欲自绝，其何伤于日月乎？多见其不知量也。"

[白话]

叔孙武叔毁谤孔子。子贡说："不要这么做！仲尼是没有办法毁谤的。别人的才德表现，像是山丘一般，还可以去超越；仲尼则像是太阳与月亮，没有可能去超越的。一个人即使想要断绝他与太阳、月亮的关系，对于太阳、月亮又有什么损害呢？只是显示了他不知自己的分量而已。"

[19.25]

陈子禽谓子贡曰："子为恭也，仲尼岂贤于子乎？"子贡曰："君子一言以为知，一言以为不知，言不可不慎也！夫子之不可及也，犹天之不可阶而升也。夫子之得邦家者，所谓立之斯立，道（dǎo）之斯行，绥之斯来，动之斯和。其生也荣，其死也哀，如之何其可及也？"

[白话]

陈子禽对子贡说："您太谦让了吧，仲尼的才德难道比得上您吗？"子贡说："君子可以通过一句话表现出他的智慧，也可以通过一句话表现出他的无知，所以说话不能不谨慎。老师是我们赶不上的，就像天空是没有办法靠楼梯爬上去一样。老师如果能在诸侯之国或大夫之家执政，就会做到我们所说的：他要使百姓立足于社会，百姓就会立足于社会；他要引导百姓前进，百姓就会前进；他要安顿各方百姓，百姓就会前来投靠；他要动员百姓工作，百姓就会同心协力。当他活在世间时，人们以他为荣；当他不幸辞世时，人们为他悲戚。这怎么是我们赶得上的呢？"

尧曰 第二十

[20.1]

尧曰:"咨!尔舜!天之历数在尔躬,允执其中。四海困穷,天禄永终。"舜亦以命禹。

曰:"予小子履,敢用玄牡,敢昭告于皇皇后帝:有罪不敢赦。帝臣不蔽,简在帝心。朕躬有罪,无以万方;万方有罪,罪在朕躬。"

周有大赉(lài),善人是富。"虽有周亲,不如仁人。百姓有过,在予一人。"

谨权量(liàng),审法度,修废官,四方之政行焉。兴灭国,继绝世,举逸民,天下之民归心焉。所重:民、食、丧、祭。宽则得众,信则民任焉,敏则有功,公则说。

[白话]

尧让位给舜时说:"听着啊!你这位舜!天的任命已经落在你身上了,你要忠实地把握正义原则。如果天下百姓都陷于困苦贫穷,天的禄位也将永远终止。"舜后来也以这番话告诫禹。

商汤说:"在下履,在此谨献上黑色牡牛作为牺牲,并且向光明而伟大的上帝报告:有罪的人,我不敢擅自去赦免。您的臣仆所作所为,我也不敢隐瞒,这些都清楚陈列在您心中。我本人如果有罪,请不要责怪天下人；天下各地的人如果有罪，都由我一人来承担。"

周朝大封诸侯，使善人都得到财富。武王说："我虽然有许多至亲的亲人，但是比不上有许多行仁的部属。百姓如果犯了过错，由我一人来承担。"

检验及审定生活所需的度量衡，整顿被废除的官职与工作，全国的政令就可以通行了。恢复被灭亡的国家，延续已断绝的世系，提拔不得志的人才，天下的百姓就心悦诚服了。应该重视的有：百姓，粮食，丧礼，祭祀。宽厚就会获得众人的爱戴，信实就会得到百姓的依赖，勤快工作就会取得重大的成果，行事公平就会使人人满意。

[解读]

① 本章内容牵涉较广，多为拼凑而成的历史资料。一般认为，"谨权量"以下的文句，为孔子之言。值得留意的是古代重视"民、食、丧、祭"。

[20.2]

子张问于孔子曰："何如斯可以从政矣？"子曰："尊五美，屏（bǐng）四恶，斯可以从政矣。"子张曰："何谓五美？"子曰："君子惠而不费，劳而不怨，欲而不贪，泰而不骄，威而不猛。"子张曰："何谓惠而不费？"子曰："因民之所利而利之，斯不亦惠而不费乎？择可劳而劳之，又谁怨？欲仁而得仁，又焉贪？君子无众寡，无小大，无敢慢，斯不亦泰而不骄乎？君子正其衣冠，尊其瞻视，俨然人望而畏之，斯不亦威而不猛乎？"子张曰："何谓四恶？"子曰："不教而杀谓之虐；不戒视成谓之暴；慢令致期谓之贼；犹之与人也，出纳之吝，谓之有司。"

[白话]

　　子张请教孔子说:"要怎么做才能把政务治理好?"孔子说:"推崇五种美德,排除四种恶行,这样就可以把政务治理好了。"子张说:"五种美德是什么?"孔子说:"君子要做到的是:施惠于民,自己却不耗费;劳动百姓,却不招来怨恨;表现欲望,但是并不贪求;神情舒泰,但是并不骄傲;态度威严,但是并不凶猛。"子张说:"施惠于民,自己却不耗费,这是什么意思呢?"孔子说:"顺着百姓所想要的利益,使他们得到满足,这不是施惠于民,自己却不耗费吗?选择适合劳动的情况去劳动百姓,又有谁会怨恨?自己想要的是行仁,结果得到了行仁的机会,还要贪求什么呢?不论人数多少以及势力大小,君子对他们都不敢怠慢,这不也是神情舒泰却不骄傲吗?君子服饰整齐,表情庄重,严肃得使人一看就有些畏惧,这不也是态度威严却不凶猛吗?"子张说:"四种恶行又是什么?"孔子说:"不先教导规范,百姓犯错就杀,这称作酷虐;不先提出警告,就要看到成效,这称作残暴;延后下令时间,届时却严格要求,这称作害人;同样是要给人的,出手却吝惜,这称作刁难别人。"

[解读]

① 有司:官吏。古代设官分职,各有专司,故称有司。有司地位卑微、作风小气,与君子所为大不相同。这句话意在提醒官吏奖赏时不可犹豫不决,以免招来怨恨。犹之:均之、等之。

[20.3]

　　孔子曰:"不知命,无以为君子也;不知礼,无以立也;不知言,无以知人也。"

[白话]

孔子说:"不了解命的道理,没有办法成为君子;不了解礼的规范,没有办法在社会上立足;不了解言辞的使用,没有办法了解别人。"

[解读]

① 命:兼指使命与命运。既要明白人生有行善的使命,努力求其至善,又要了解人间富贵的客观限制,因而不必强求。知命之后,可以"行其所当行,止于其所不得不止",由此成为君子。
② 《论语》全书以"不知言,无以知人也"为结语,孟子(前372—前289)自谓其过人之处为"我知言,我善养吾浩然之气"(《孟子·公孙丑上》)。两相对照,可知孟子自觉其继承孔子思想之志业。

图书在版编目（CIP）数据

解读《论语》/ 傅佩荣 著 . — 北京：东方出版社，2023.5
ISBN 978-7-5207-2668-9

I. ①解… II. ①傅… III. ①儒家②《论语》—研究 IV. ① B222.25

中国版本图书馆 CIP 数据核字（2021）第 277993 号

解读《论语》

（JIEDU LUNYU）

作　　　者：	傅佩荣
图 书 策 划：	傅佩荣国学馆
责 任 编 辑：	江丹丹
出　　　版：	东方出版社
发　　　行：	人民东方出版传媒有限公司
地　　　址：	北京市东城区朝阳门内大街 166 号
邮　　　编：	100010
印　　　刷：	三河市九洲财鑫印刷有限公司
版　　　次：	2023 年 5 月第 1 版
印　　　次：	2024 年 12 月第 5 次印刷
开　　　本：	710 毫米 ×1000 毫米　1/16
印　　　张：	22
字　　　数：	170 千字
书　　　号：	ISBN 978-7-5207-2668-9
定　　　价：	88.00 元

发行电话：（010）85924663　85924644　85924641

版权所有，违者必究

如有印装质量问题，我社负责调换，请拨打电话：（010）85924602　85924603

傅佩荣

当代著名哲学家。1950年生,祖籍上海,台湾大学哲学系教授。历任台湾大学哲学系主任兼研究所所长,比利时鲁汶大学、荷兰莱顿大学讲座教授。早年师从哲学大家方东美先生,后于耶鲁大学深造,受教于余英时先生,继而执教欧洲。

曾在央视"百家讲坛"讲授《孟子的智慧》;凤凰卫视主讲《国学的天空》;山东卫视"新杏坛"任首席主讲人。曾被台湾地区《民生报》评选为大学最热门教授;台湾地区最高文艺奖得主。近年来在"得到APP"开设《傅佩荣的西方哲学课》;在"喜马拉雅APP"开设《道德经》《易经》《庄子》等精讲课程。傅教授态度真诚,语言幽默,说理清晰,能使听者不倦、相悦以解,从而将国学讲得生动又贴近人心,为当代人提供了阅读国学原典的简易方法。

傅教授兼具中西文化之深厚学养,以哲学建构和逻辑分析的眼光,站在中西文化的制高点上诠释中国传统经典的现代意义,搭建起东西方思想的桥梁,视野辽阔深远,堪称中西文化之摆渡者,在当今学术界享有盛名。

傅教授潜心研究传统经典五十年,撇开成见和定论,多有建树。目前已出版《哲学与人生》《国学的天空》《易经入门》《国学与人生》《四大圣哲》,傅佩荣解读经典系列、傅佩荣详说经典系列等图书逾百种。